3.

Marcel Reich-Ranicki

Mein HEINE

I Hoffmann und Campe I

1. Auflage 2009
Copyright © 2009 by
Hoffmann und Campe Verlag, Hamburg
www.hoca.de
Satz: Pinkuin Satz und Datentechnik, Berlin
Gesetzt aus der Adobe Bembo
Druck und Bindung: GGP Media GmbH, Pößneck
Printed in Germany
ISBN 978-3-455-40181-3

**HOFFMANN
UND CAMPE**

Ein Unternehmen der
GANSKE VERLAGSGRUPPE

INHALT

VORWORT

In unserem Lesebuch für die Quarta (ich ging in Berlin zur Schule) konnte man Gedichte auch von Heine finden, noch wurden sie – man schrieb das Jahr 1932 – im Unterricht durchgenommen. Auch in den Lesebüchern für die nächsten Schulklassen mangelte es nicht an Versen von Heine. Man benutzte nach wie vor, jedenfalls in Preußen, die alten Lesebücher aus der Weimarer Republik, denn neue, im Geiste des »Dritten Reichs« verfasste, waren noch nicht da. Nur wurden die Gedichte des Juden Heine jetzt einfach übergangen: Sie waren verboten. Wenn ein vorlauter Schüler unseren Deutschlehrer fragte, warum das so sei, verwies er knapp auf eine Anordnung des Ministeriums; die Sache war wohl für ihn peinlich.

Das zentrale Problem der ganzen Existenz Heines war das Judentum, doch nicht die mosaische Religion und auch nicht die jüdische Tradition. Was also? Wenn wir sagen, Heine sei in der Epoche der Emanzipation der Juden in Deutschland aufgewachsen, so ist uns schon eine Beschönigung der tatsächlichen historischen Situation unterlaufen. Denn die bürgerliche Gleichberechtigung der Juden wurde damals gegen den Willen des deutschen Volkes verfügt. Das preußische Emanzipationsedikt von 1812 war kaum mehr als ein behördlicher Erlass, ein Verwaltungsakt. Seine Verwirklichung wurde von der Bevölkerung (jedenfalls in ihrer überwiegenden Mehrheit) verweigert.

So waren die Juden formal anerkannt, doch nach wie vor diskriminiert. Der junge Heine, empfindlich, leicht reizbar und auch noch höchst ehrgeizig, musste sich als Halbwüchsiger, als Schüler des Düsseldorfer Lyzeums wohl zum ersten

Mal davon überzeugen, dass die christliche Umgebung nicht darauf erpicht war, ihn zu akzeptieren.

Er war von Jugend an einer, der nirgends dazugehörte: Da man ihn nicht integrieren wollte, war er nicht bereit, sich integrieren zu lassen. Der Not gehorchend, gefiel er sich in seinen Studienjahren (in Bonn, Göttingen und in Berlin) in einer Pose, er flüchtete sich in eine Rolle. Er wurde ein Exzentriker aus Trotz. Man hat Heine vorgeworfen, er habe sich häufig von Ressentiments leiten lassen. Ja, vermutlich waren bei allem, was er geschrieben hat, auch Ressentiments mit im Spiele. Unbegreiflich ist nur, dass man sich darüber wundern kann.

Inzwischen wurde der erste Gedichtband Heines publiziert, dem 1823 ein zweiter folgte. Damit war aus dem Versager und Sonderling ein ganz und gar ungewöhnliches Wesen geworden: ein Jude als Autor deutscher Gedichte. Diese neuen Verse konnten neben den Gedichten der besten zeitgenössischen Poeten zumindest bestehen. Doch Heine sah sofort, dass man in Deutschland eher bereit war, sich für seine literarischen Arbeiten zu interessieren, sie eventuell sogar zu schätzen, denn ihn als Person, als Bürger, als Deutschen anzuerkennen.

Die Taufe, 1825 heimlich vollzogen, war wohl ein letzter Versuch, diese Anerkennung doch zu erzwingen. Aber was Heines Isolation überwinden sollte, hat sie nur vertieft. Den angestrebten Posten in der Verwaltung oder im diplomatischen Dienst hat er nicht erhalten. Er blieb, was er bisher war: ein Jude unter den Christen. Nur war er jetzt auch noch ein Getaufter unter den Juden geworden.

Bei der Lyrik fanden schon immer jene Unterschlupf, die nichts zu sagen haben, doch unbedingt gehört werden möchten, die singen wollen, weil sie nicht denken können, die dichten müssen, weil ihnen das Schreiben unüberwindliche Schwierigkeiten bereitet. Dass die Inspiration und der Intellekt sich gegenseitig ausschlössen, hielt Heine für ein törichtes Vorurteil.

Da er 1797 geboren wurde, ist er, wie seine ganze Generation, im Geist der Romantik aufgewachsen. Früher als andere europäische Dichter seiner Zeit hat er ausgiebig von der Umgangssprache profitiert und immer wieder auf das Deutsch des Alltags zurückgegriffen. So hat er die Sprache der Lyrik und der Prosa erneuert, er hat sie ohne Pardon entrümpelt und anmutig verschlankt und damit die Voraussetzung für die Demokratisierung der Literatur geschaffen.

Heine zeigte, dass die Dichtung vernünftig sein könne und die Vernunft dichterisch. Ihm ist es gelungen, jene Synthese zu verwirklichen, die in Deutschland Seltenheitswert hat – die Synthese aus Witz und Weisheit, aus Charme und Scharfsinn, aus Gefühl und Grazie. Er hat in seinen Versen gebetet und gebettelt, geträumt und gedroht, geflucht und geflüstert. Er hat viel gespottet, aber er hat, wie es sich für einen Juden schickt, immer auch sich selber verspottet. Er war verliebt in Widersprüche und in Extreme, aber er hat, wie es sich für einen Künstler schickt, niemals das Risiko gefürchtet. Er scheute weder Pathos noch Sentimentalität, aber er hat alles mit Ironie relativiert und mit Humor kritisiert. Heine war ein passionierter Skeptiker, ein skeptischer Provokateur.

Er hat die Liebe verherrlicht, die große und die kleine, die schwere und die leichte. Nach dem »Buch der Lieder« wurde beinahe in ganz Europa generationsweise vom Blatt geliebt und gelitten. Diese Verse haben das erotische Klima jener Epoche geprägt, gesteigert und bisweilen sogar erzeugt. Von ihnen ließen sich die Menschen ermuntern und ermutigen, sie ließen sich zur Liebe drängen und führen, vielleicht auch verführen. Um sich ihrer Hoffnungen und Enttäuschungen, ihres Glücks und ihres Leidens bewusst zu werden, um für ihre Empfindungen einen Namen zu finden, griffen sie zu Heines Poesie.

Ihre außerordentliche Wirkung hat mit dem Triumph der deutschen Romantik zu tun. Er sei, notierte Heine gegen Ende seines Lebens, immer ein Romantiker gewesen, und dies in noch höherem Grade, als er selbst es ahnte. Er ist nie zur Romantik zurückgekehrt, da er sie zwar reformiert, doch sich nie von ihr abgewandt hatte.

Vom Erzübel der deutschen Poesie, vom Missbrauch der lyrischen Form zum Rückzug ins Verschwommene, ja zur Flucht ins Unkontrollierbare, von diesem Übel ist Heines Werk frei. Indem er die Sprache der Dichtung an die urbane, an die bürgerliche Zivilisation annäherte, ohne ihr das Poetische zu nehmen, indem er also die Sprache gründlich demokratisierte, hat er es dem Publikum ermöglicht, die Lyrik nicht nur zu lieben, sondern sie auch zu begreifen. Die deutsche Romantik und Heinrich Heine – sie verdankten sich gegenseitig ihre größten Erfolge.

Heine war einsam wie ein Kranker, er brach Rosen, er brach Nelken, aber er fand nicht jene, der er sie schenken könnte. Das war sein Thema: die unerwiderte, die vergebliche, die aussichtslose Liebe. Er beschwor »den tausendjährigen Schmerz«. Er klagte über das Schicksal des Juden, der als Fremdling behandelt wurde, der sich als ein Ausgestoßener fühlte. Sie alle erkannten sich in diesen Versen wieder: die Juden und die Nichtjuden, die Benachteiligten, die Verschmähten und die Zukurzgekommenen in ganz Deutschland, in der ganzen zivilisierten Welt.

Die Auseinandersetzung mit dem Judentum, ebenso die direkte wie – noch weit häufiger – die indirekte, findet sich im ganzen Werk Heines, besonders schön in der leider Fragment gebliebenen Erzählung »Der Rabbi von Bacherach«, einer poetischen Darstellung der Situation und des Schicksals der Juden am Rhein im Spätmittelalter. Laut Angaben von Heine ist der letzte Teil dieser Erzählung in der Wohnung seiner

Mutter verbrannt, andererseits wurde vermutet, er selber habe diesen Teil vernichtet. Jedenfalls hat er in Briefen behauptet, ihm fehle das Talent zum Erzählen. In Wirklichkeit hat er die erste Hälfte des »Rabbi von Bacherach« in einer Sprache geschrieben, die den besten deutschen Erzählungen des neunzehnten Jahrhunderts ebenbürtig ist.

Heine war der bedeutendste Journalist unter den deutschen Dichtern und der berühmteste Dichter unter den Journalisten der ganzen Welt. Er war, zumindest in Deutschland, der Erste, der die Möglichkeiten der modernen Presse erkannte und von ihnen auch ständig Gebrauch zu machen wusste. Eben das hat ihm wohl die meisten Feinde eingebracht.

Man fürchtete seine Gedanken und Anschauungen, doch noch mehr fürchtete man seine Fähigkeiten, diese Gedanken und Anschauungen so auszudrücken, dass sie für zahlreiche Leser plausibel und attraktiv wurden. Noch der heutige Journalismus verwendet viele der von ihm erprobten Mittel und Formen und lebt zu einem großen Teil von seinen Errungenschaften.

Von den vielen journalistischen und essayistischen Arbeiten Heines ist eine der wichtigsten, originellsten und aufschlussreichsten die autobiographische Schrift mit dem durchaus zutreffenden Titel »Geständnisse«. Geboten wird hier eine geradezu erstaunliche und zugleich virtuose Mixtur: Bekenntnisse und Berichte, Beobachtungen und Bonmots, Aphorismen und Anekdoten bilden in dieser Prosa eine makellose Einheit.

Er hat die Literatur origineller und moderner auch mit Hilfe eines Elements gemacht, das wir bei seinen Vorläufern meist vermissen müssen. Wir haben allen Anlass, Klopstock, Schiller, Hölderlin, Novalis, Mörike, Eichendorff oder Platen zu schätzen und zu bewundern. Aber Humor lässt sich ihnen schwerlich nachrühmen. Wer den »Zerbrochenen Krug« geschrieben hat, braucht den Vorwurf der Humorlosigkeit nicht zu fürchten. Doch in den Gedichten Kleists geht es immer sehr ernst zu.

Und Heine? Er war der erste große deutsche Poet, der nicht nur gelegentlich humorvolle Gedichte schrieb, der es vielmehr gewagt hat – und das war damals ein Wagnis –, den Humor zur selbstverständlichen Komponente seiner literarischen ebenso wie seiner journalistischen Texte zu machen.

Seine Lyrik ist empfindsam und doch sarkastisch, seine Prosa leidenschaftlich und zugleich ironisch. Heines Humor hat dazu beigetragen, dass er von ganz Europa akzeptiert und nicht selten geliebt wurde. In ihm, dem Heimatlosen, dem Emigranten, hat Europa eine Zentralfigur der zeitgenössischen Literatur, einen Weltpoeten erkannt und den Nachfolger Byrons gesehen.

Die in diesem Band gesammelten Arbeiten zeigen, was mit der Zeit immer deutlicher wurde: Je mehr Heine veröffentlichte, desto mehr gerieten seine Schriften zur Selbstauseinandersetzung – und die Selbstauseinandersetzung zur Kritik der Gesellschaft, der Welt, in der er lebte.

Wem aber eine solche Antwort auf die Frage, warum ich mich zu den hier gedruckten Gedichten, zur Erzählung vom »Rabbi von Bacherach« und zu den »Geständnissen« entschlossen habe, nicht genügt, dem möchte ich sagen, dass hier zu lesen ist, was mich seit meiner Jugend besonders beeindruckt hat, anders ausgedrückt: wodurch vor allem dieser Poet zu meinem Heine wurde. Heine, glaube ich, wäre mit dieser Begründung einverstanden.

GEDICHTE

DIE GRENADIERE.

Nach Frankreich zogen zwei Grenadier',
Die waren in Rußland gefangen.
Und als sie kamen in's deutsche Quartier,
Sie ließen die Köpfe hangen.

Da hörten sie beide die traurige Mähr:
Daß Frankreich verloren gegangen,
Besiegt und zerschlagen das große Heer, –
Und der Kaiser, der Kaiser gefangen.

Da weinten zusammen die Grenadier'
Wohl ob der kläglichen Kunde.
Der Eine sprach: Wie weh wird mir,
Wie brennt meine alte Wunde.

Der Andre sprach: Das Lied ist aus,
Auch ich möcht' mit dir sterben,
Doch hab' ich Weib und Kind zu Haus,
Die ohne mich verderben.

Was scheert mich Weib, was scheert mich Kind,
Ich trage weit bess'res Verlangen;
Laß sie betteln gehn, wenn sie hungrig sind, –
Mein Kaiser, mein Kaiser gefangen!

Gewähr' mir Bruder eine Bitt':
Wenn ich jetzt sterben werde,
So nimm meine Leiche nach Frankreich mit,
Begrab' mich in Frankreichs Erde.

Das Ehrenkreuz am rothen Band
Sollst du auf's Herz mir legen;
Die Flinte gieb mir in die Hand,
Und gürt' mir um den Degen.

So will ich liegen und horchen still,
Wie eine Schildwach, im Grabe,
Bis einst ich höre Kanonengebrüll,
Und wiehernder Rosse Getrabe.

Dann reitet mein Kaiser wohl über mein Grab,
Viel Schwerter klirren und blitzen;
Dann steig' ich gewaffnet hervor aus dem Grab', –
Den Kaiser, den Kaiser zu schützen.

[AN CARL V. U. INS STAMMBUCH.]

Anfangs wollt ich fast verzagen,
Und ich glaubt' ich trüg' es nie,
Und ich hab' es doch getragen, –
Aber fragt mich nur nicht, wie?

[ERWARTUNG.]

Morgens steh ich auf und frage:
Kommt feins Liebchen heut?
Abends sink ich hin und klage:
Ausblieb sie auch heut.

In der Nacht mit meinem Kummer
Lieg ich schlaflos, wach;
Träumend, wie im halben Schlummer,
Wandle ich bei Tag.

WASSERFAHRT.

Ich stand gelehnet an den Mast,
Und zählte jede Welle.
Ade! mein schönes Vaterland!
Mein Schiff, das segelt schnelle!

Ich kam schön Liebchens Haus vorbei,
Die Fensterscheiben blinken;
Ich guck' mir fast die Augen aus,
Doch will mir niemand winken.

Ihr Thränen bleibt mir aus dem Aug',
Daß ich nicht dunkel sehe.
Mein krankes Herze, brich mir nicht
Vor allzugroßem Wehe.

[LEBEWOHL!]

Schöne Wiege meiner Leiden,
Schönes Grabmahl meiner Ruh,
Schöne Stadt, wir müssen scheiden, –
Lebe wohl, ruf' ich dir zu.

Lebe wohl, du heilge Schwelle,
Wo da wandelt Liebchen traut;
Lebe wohl! du heilge Stelle,
Wo ich sie zuerst geschaut.

Hätt' ich dich doch nie gesehen,
Schöne Herzenskönigin!
Nimmer wär es dann geschehen,
Daß ich jetzt so elend bin.

Nie wollt' ich dein Herze rühren,
Liebe hab' ich nie erfleht;
Nur ein stilles Leben führen
Wollt' ich, wo dein Odem weht.

Doch du drängst mich selbst von hinnen,
Bittre Worte spricht dein Mund;
Wahnsinn wühlt in meinen Sinnen,
Und mein Herz ist krank und wund.

Und die Glieder matt und träge
Schlepp' ich fort am Wanderstab,
Bis mein müdes Haupt ich lege
Ferne in ein kühles Grab.

BELSATZAR.

Die Mitternacht zog näher schon;
In stummer Ruh lag Babylon.

Nur oben in des Königs Schloß,
Da flackert's, da lärmt des Königs Troß.

Dort oben in dem Königssaal,
Belsatzar hielt sein Königsmahl.

Die Knechte saßen in schimmernden Reih'n,
Und leerten die Becher mit funkelndem Wein.

Es klirrten die Becher, es jauchzten die Knecht';
So klang es dem störrigen Könige recht.

Des Königs Wangen leuchten Glut;
Im Wein erwuchs ihm kecker Muth.

Und blindlings reißt der Muth ihn fort;
Und er lästert die Gottheit mit sündigem Wort.

Und er brüstet sich frech, und lästert wild;
Die Knechtenschaar ihm Beifall brüllt.

Der König rief mit stolzem Blick;
Der Diener eilt und kehrt zurück.

Er trug viel gülden Geräth auf dem Haupt;
Das war aus dem Tempel Jehovahs geraubt.

Und der König ergriff mit frevler Hand
Einen heiligen Becher, gefüllt bis am Rand'.

Und er leert ihn hastig bis auf den Grund,
Und rufet laut mit schäumendem Mund:

Jehovah! dir künd' ich auf ewig Hohn, –
Ich bin der König von Babylon!

Doch kaum das grause Wort verklang,
Dem König ward's heimlich im Busen bang.

Das gellende Lachen verstummte zumal;
Es wurde leichenstill im Saal.

Und sieh! und sieh! an weißer Wand
Da kam's hervor wie Menschenhand;

Und schrieb, und schrieb an weißer Wand
Buchstaben von Feuer, und schrieb und schwand.

Der König stieren Blicks da saß,
Mit schlotternden Knien und todtenblaß.

Die Knechtenschaar saß kalt durchgraut,
Und saß gar still, gab keinen Laut.

Die Magier kamen, doch keiner verstand
Zu deuten die Flammenschrift an der Wand.

Belsatzar ward aber in selbiger Nacht
Von seinen Knechten umgebracht.

Im wunderschönen Monat Mai,
Als alle Knospen sprangen,
Da ist in meinem Herzen
Die Liebe aufgegangen.

Im wunderschönen Monat Mai,
Als alle Vögel sangen,
Da hab ich ihr gestanden
Mein Sehnen und Verlangen.

Die Rose, die Lilje, die Taube, die Sonne,
Die liebt' ich einst alle in Liebeswonne.
Ich lieb' sie nicht mehr, ich liebe alleine
Die Kleine, die Feine, die Reine, die Eine;
Sie selber, aller Liebe Bronne,
Ist Rose und Lilje und Taube und Sonne.

Die alten, bösen Lieder,
Die Träume schlimm und arg,
Die laßt uns jetzt begraben,
Holt einen großen Sarg.

Hinein leg' ich gar manches,
Doch sag' ich noch nicht was;
Der Sarg muß seyn noch größer
Wie's Heidelberger Faß.

Und holt eine Todtenbahre,
Von Brettern fest und dick;
Auch muß sie seyn noch länger
Als wie zu Mainz die Brück'.

Und holt mir auch zwölf Riesen,
Die müssen noch stärker seyn
Als wie der heil'ge Christoph
Im Dom zu Cöln am Rhein.

Die sollen den Sarg forttragen,
Und senken in's Meer hinab;
Denn solchem großen Sarge
Gebührt ein großes Grab.

Wißt Ihr warum der Sarg wohl
So groß und schwer mag seyn?
Ich legt' auch meine Liebe
Und meinen Schmerz hinein.

Auf meiner Herzliebsten Aeugelein
Mach' ich die schönsten Canzonen.
Auf meiner Herzliebsten Mündchen klein
Mach' ich die besten Terzinen.
Auf meiner Herzliebsten Wängelein
Mach' ich die herrlichsten Stanzen.
Und wenn meine Liebste ein Herzchen hätt',
Ich machte darauf ein hübsches Sonett.

Sie haben dir viel erzählet,
Und haben viel geklagt;
Doch was meine Seele gequälet,
Das haben sie nicht gesagt.

Sie machten ein großes Wesen,
Und schüttelten kläglich das Haupt;
Sie nannten mich den Bösen,
Und du hast alles geglaubt.

Jedoch das Allerschlimmste,
Das haben sie nicht gewußt;
Das Schlimmste und das Dümmste,
Das trug ich geheim in der Brust.

Im Rhein, im schönen Strome,
Da spiegelt sich in den Well'n,
Mit seinem großen Dome,
Das große, heilige Cöln.

Im Dom da steht ein Bildniß,
Auf goldenem Leder gemalt;
In meines Lebens Wildniß
Hat's freundlich hineingestrahlt.

Es schweben Blumen und Englein
Um unsre liebe Frau;
Die Augen, die Lippen, die Wänglein,
Die gleichen der Liebsten genau.

Ein Fichtenbaum steht einsam
Im Norden auf kahler Höh'.
Ihn schläfert; mit weißer Decke
Umhüllen ihn Eis und Schnee.

Er träumt von einer Palme,
Die, fern im Morgenland,
Einsam und schweigend trauert
Auf brennender Felsenwand.

Auf Flügeln des Gesanges,
Herzliebchen, trag' ich dich fort,
Fort nach den Fluren des Ganges,
Dort weiß ich den schönsten Ort.

Dort liegt ein rothblühender Garten
Im stillen Mondenschein;
Die Lotosblumen erwarten
Ihr trautes Schwesterlein.

Die Veilchen kichern und kosen,
Und schau'n nach den Sternen empor;
Heimlich erzählen die Rosen
Sich duftende Mährchen in's Ohr.

Es hüpfen herbei und lauschen
Die frommen, klugen Gazell'n;
Und in der Ferne rauschen
Des heiligen Stromes Well'n.

Dort wollen wir niedersinken
Unter dem Palmenbaum,
Und Liebe und Ruhe trinken,
Und träumen seligen Traum.

Sie haben mich gequälet,
Geärgert blau und blaß,
Die Einen mit ihrer Liebe,
Die Andern mit ihrem Haß.

Sie haben das Brod mir vergiftet,
Sie gossen mir Gift in's Glas,
Die Einen mit ihrer Liebe,
Die Andern mit ihrem Haß.

Doch sie, die mich am meisten
Gequält, geärgert, betrübt,
Die hat mich nie gehasset,
Und hat mich nie geliebt.

Aus meinen Thränen sprießen
Viel blühende Blumen hervor,
Und meine Seufzer werden
Ein Nachtigallenchor.

Und wenn du mich lieb hast, Kindchen,
Schenk' ich dir die Blumen all',
Und vor deinem Fenster soll klingen
Das Lied der Nachtigall.

Ein Jüngling liebt ein Mädchen,
Die hat einen Andern erwählt;
Der Andre liebt eine Andre,
Und hat sich mit dieser vermählt.

Das Mädchen heirathet aus Aerger
Den ersten besten Mann,
Der ihr in den Weg gelaufen;
Der Jüngling ist übel dran.

Es ist eine alte Geschichte,
Doch bleibt sie immer neu;
Und wem sie just passiret,
Dem bricht das Herz entzwei.

Aus meinen großen Schmerzen
Mach' ich die kleinen Lieder;
Die heben ihr klingend Gefieder
Und flattern nach ihrem Herzen.

Sie fanden den Weg zur Trauten,
Doch kommen sie wieder und klagen,
Und klagen, und wollen nicht sagen,
Was sie im Herzen schauten.

Sie saßen und tranken am Theetisch,
Und sprachen von Liebe viel.
Die Herren, die waren ästhetisch,
Die Damen von zartem Gefühl.

Die Liebe muß seyn platonisch,
Der dürre Hofrath sprach.
Die Hofräthin lächelt ironisch,
Und dennoch seufzet sie: Ach!

Der Domherr öffnet den Mund weit:
Die Liebe sey nicht zu roh,
Sie schadet sonst der Gesundheit.
Das Fräulein lispelt: wie so?

Die Gräfin spricht wehmüthig:
Die Liebe ist eine Passion!
Und präsentiret gütig
Die Tasse dem Herren Baron.

Am Tische war noch ein Plätzchen;
Mein Liebchen, da hast du gefehlt.
Du hättest so hübsch, mein Schätzchen,
Von deiner Liebe erzählt.

Ich hab' im Traum' geweinet,
Mir träumte du lägest im Grab'.
Ich wachte auf und die Thräne
Floß noch von der Wange herab.

Ich hab' im Traum' geweinet,
Mir träumt' du verließest mich.
Ich wachte auf, und ich weinte
Noch lange bitterlich.

Ich hab' im Traum' geweinet,
Mir träumte du bliebest mir gut.
Ich wachte auf, und noch immer
Strömt meine Thränenfluth.

Mein Herz, mein Herz ist traurig,
Doch lustig leuchtet der Mai;
Ich stehe, gelehnt an der Linde,
Hoch auf der alten Bastei.

Da drunten fließt der blaue
Stadtgraben in stiller Ruh';
Ein Knabe fährt im Kahne,
Und angelt und pfeift dazu.

Jenseits erheben sich freundlich,
In winziger, bunter Gestalt,
Lusthäuser, und Gärten, und Menschen,
Und Ochsen, und Wiesen, und Wald.

Die Mägde bleichen Wäsche,
Und springen im Gras' herum;
Das Mühlrad stäubt Diamanten,
Ich höre sein fernes Gesumm'.

Am alten grauen Thurme
Ein Schilderhäuschen steht;
Ein rothgeröckter Bursche
Dort auf und nieder geht.

Er spielt mit seiner Flinte,
Die funkelt im Sonnenroth,
Er präsentirt und schultert –
Ich wollt', er schösse mich todt.

Das Meer erglänzte weit hinaus,
Im letzten Abendscheine;
Wir saßen am einsamen Fischerhaus,
Wir saßen stumm und alleine.

Der Nebel stieg, das Wasser schwoll,
Die Möve flog hin und wieder;
Aus deinen Augen, liebevoll,
Fielen die Thränen nieder.

Ich sah sie fallen auf deine Hand,
Und bin auf's Knie gesunken;
Ich hab von deiner weißen Hand
Die Thränen fortgetrunken.

Seit jener Stunde verzehrt sich mein Leib,
Die Seele stirbt vor Sehnen; –
Mich hat das unglückseel'ge Weib
Vergiftet mit ihren Thränen.

DONNA CLARA.

In dem abendlichen Garten
Wandelt des Alkaden Tochter;
Pauken- und Trommetenjubel
Klingt herunter von dem Schlosse.

»Lästig werden mir die Tänze
Und die süßen Schmeichelworte,
Und die Ritter, die so zierlich
Mich vergleichen mit der Sonne.

»Ueberlästig wird mir Alles,
Seit ich sah, bei'm Strahl des Mondes,
Jenen Ritter, dessen Laute
Nächtens mich an's Fenster lockte.

»Wie er stand so schlank und muthig,
Und die Augen leuchtend schossen
Aus dem edelblassen Antlitz,
Glich er wahrlich Sanct Georgen.«

Also dachte Donna Clara,
Und sie schaute auf den Boden;
Wie sie aufblickt, steht der schöne,
Unbekannte Ritter vor ihr.

Händedrückend, liebeflüsternd,
Wandeln sie umher im Mondschein,
Und der Zephyr schmeichelt freundlich,
Mährchenartig grüßen Rosen.

Mährchenartig grüßen Rosen,
Und sie glüh'n wie Liebesboten. –
Aber sage mir, Geliebte,
Warum du so plötzlich roth wirst?

»Mücken stachen mich, Geliebter,
Und die Mücken sind, im Sommer,
Mir so tief verhaßt, als wären's
Langenas'ge Judenrotten.«

Laß die Mücken und die Juden,
Spricht der Ritter, freundlich kosend.
Von den Mandelbäumen fallen
Tausend weiße Blüthenflocken.

Tausend weiße Blüthenflocken
Haben ihren Duft ergossen. –
Aber sage mir, Geliebte,
Ist dein Herz mir ganz gewogen?

»Ja, ich liebe dich, Geliebter,
Bei dem Heiland sey's geschworen,
Den die gottverfluchten Juden
Boshaft tückisch einst ermordet.«

Laß den Heiland und die Juden,
Spricht der Ritter, freundlich kosend.
In der Ferne schwanken traumhaft
Weiße Liljen, lichtumflossen.

Weiße Liljen, lichtumflossen,
Blicken nach den Sternen droben. –
Aber sage mir, Geliebte,
Hast du auch nicht falsch geschworen?

»Falsch ist nicht in mir, Geliebter,
Wie in meiner Brust kein Tropfen
Blut ist von dem Blut der Mohren
Und des schmutz'gen Judenvolkes.«

Laß die Mohren und die Juden,
Spricht der Ritter, freundlich kosend;
Und nach einer Myrthenlaube
Führt er die Alkadentochter.

Mit den weichen Liebesnetzen
Hat er heimlich sie umflochten;
Kurze Worte, lange Küsse,
Und die Herzen überflossen.

Wie ein schmelzend süßes Brautlied
Singt die Nachtigall, die holde;
Wie zum Fackeltanze hüpfen
Feuerwürmchen auf dem Boden.

In der Laube wird es stiller,
Und man hört nur, wie verstohlen,
Das Geflüster kluger Myrthen
Und der Blumen Athemholen.

Aber Pauken und Trommeten
Schallen plötzlich aus dem Schlosse,
Und erwachend hat sich Clara
Aus des Ritters Arm gezogen.

»Horch! da ruft es mich, Geliebter,
Doch, bevor wir scheiden, sollst du
Nennen deinen lieben Namen,
Den du mir so lang verborgen.«

Und der Ritter, heiter lächelnd,
Küßt die Finger seiner Donna,
Küßt die Lippen und die Stirne,
Und er spricht zuletzt die Worte:

»Ich, Sennora, Eu'r Geliebter,
Bin der Sohn des vielbelobten,
Großen, schriftgelehrten Rabbi
Israel von Saragossa.«

Blamir' mich nicht, mein schönes Kind,
Und grüß' mich nicht unter den Linden;
Wenn wir nachher zu Hause sind,
Wird sich schon Alles finden.

Wenn ich an deinem Hause
Des Morgens vorüber geh',
So freut's mich, du liebe Kleine,
Wenn ich dich am Fenster seh'.

Mit deinen schwarzbraunen Augen
Siehst du mich forschend an:
Wer bist du, und was fehlt dir,
Du fremder, kranker Mann?

»Ich bin ein deutscher Dichter,
Bekannt im deutschen Land;
Nennt man die besten Namen,
So wird auch der meine genannt.

»Und was mir fehlt, du Kleine,
Fehlt Manchem im deutschen Land;
Nennt man die schlimmsten Schmerzen,
So wird auch der meine genannt.«

Du hast Diamanten und Perlen,
Hast alles, was Menschenbegehr,
Und hast die schönsten Augen –
Mein Liebchen, was willst du mehr?

Auf deine schönen Augen
Hab' ich ein ganzes Heer
Von ewigen Liedern gedichtet –
Mein Liebchen, was willst du mehr?

Mit deinen schönen Augen
Hast du mich gequält so sehr,
Und hast mich zu Grunde gerichtet –
Mein Liebchen, was willst du mehr?

Du bist wie eine Blume,
So hold und schön und rein;
Ich schau' dich an, und Wehmuth
Schleicht mir in's Herz hinein.

Mir ist, als ob ich die Hände
Auf's Haupt dir legen sollt',
Betend, daß Gott dich erhalte
So rein und schön und hold.

DIE LORELEY

Ich weiß nicht, was soll es bedeuten,
Daß ich so traurig bin;
Ein Mährchen aus alten Zeiten,
Das kommt mir nicht aus dem Sinn.

Die Luft ist kühl und es dunkelt,
Und ruhig fließt der Rhein;
Der Gipfel des Berges funkelt
Im Abendsonnenschein.

Die schönste Jungfrau sitzet
Dort oben wunderbar,
Ihr gold'nes Geschmeide blitzet,
Sie kämmt ihr goldenes Haar.

Sie kämmt es mit goldenem Kamme,
Und singt ein Lied dabei;
Das hat eine wundersame,
Gewaltige Melodei.

Den Schiffer im kleinen Schiffe
Ergreift es mit wildem Weh;
Er schaut nicht die Felsenriffe,
Er schaut nur hinauf in die Höh'.

Ich glaube, die Wellen verschlingen
Am Ende Schiffer und Kahn;
Und das hat mit ihrem Singen
Die Lore-Ley gethan.

FRIEDRIKE.

I.

Verlaß' Berlin, mit seinem dicken Sande,
Und dünnen Thee, und überwitz'gen Leuten,
Die Gott und Welt, und was sie selbst bedeuten,
Begriffen längst mit Hegelschem Verstande.

Komm mit nach Indien, nach dem Sonnenlande,
Wo Ambrablüthen ihren Duft verbreiten,
Die Pilgerschaaren nach dem Ganges schreiten,
Andächtig und im weißen Festgewande.

Dort, wo die Palmen wehn, die Wellen blinken,
Am heil'gen Ufer Lotosblumen ragen
Empor zu Indras Burg, der ewig blauen;

Dort will ich gläubig vor dir niedersinken,
Und deine Füße drücken, und dir sagen:
Madame! Sie sind die schönste aller Frauen!

II.

Der Ganges rauscht, mit klugen Augen schauen
Die Antilopen aus dem Laub, sie springen
Herbey muthwillig, ihre bunten Schwingen
Entfaltend wandeln stolzgespreitzte Pfauen.

Tief aus dem Herzen der bestralten Auen
Blumengeschlechter, viele neue, dringen,
Sehnsuchtberauscht ertönt Kokilas Singen –
Ja, du bist schön, du schönste aller Frauen!

Gott Kama lauscht aus allen deinen Zügen,
Er wohnt in deines Busens weißen Zelten,
Und haucht aus dir die lieblichsten Gesänge;

Ich seh Wassant auf deinen Lippen liegen,
In deinem Aug' entdeck' ich neue Welten,
Und in der eignen Welt wird's mir zu enge.

III.

Der Ganges rauscht, der große Ganges schwillt,
Der Himalaya stralt im Abendscheine,
Und aus der Nacht der Banianenhaine
Die Elephantenheerde stürzt und brüllt; –

Ein Bild! Ein Bild! Mein Pferd für'n gutes Bild!
Womit ich dich vergleiche, Schöne, Feine,
Dich Unvergleichliche, dich Gute, Reine,
Die mir das Herz mit heitrer Lust erfüllt!

Vergebens siehst du mich nach Bildern schweifen,
Und siehst mich mit Gefühl und Reimen ringen, –
Und, ach! du lächelst gar ob meiner Qual!

Doch lächle nur! Denn wenn du lächelst, greifen
Gandarven nach der Zither, und sie singen
Dort oben in dem goldnen Sonnensaal.

AN EDOM!

Ein Jahrtausend schon und länger,
Dulden wir uns brüderlich,
Du, du duldest daß ich athme,
Daß du rasest dulde Ich.

Manchmal nur, in dunkeln Zeiten,
Ward dir wunderlich zu Muth,
Und die liebefrommen Tätzchen
Färbtest du mit meinem Blut'.

Jetzt wird unsre Freundschaft fester,
Und noch täglich nimmt sie zu;
Denn ich selbst begann zu rasen,
Und ich werde fast wie Du.

Der Tod das ist die kühle Nacht,
Das Leben ist der schwüle Tag.
Es dunkelt schon, mich schläfert,
Der Tag hat mich müd' gemacht.

Ueber mein Bett erhebt sich ein Baum,
Drin singt die junge Nachtigall;
Sie singt von lauter Liebe,
Ich hör' es sogar im Traum.

Leise zieht durch mein Gemüth
Liebliches Geläute.
Klinge, kleines Frühlingslied,
Kling' hinaus in's Weite.

Kling' hinaus, bis an das Haus,
Wo die Blumen sprießen.
Wenn du eine Rose schaust,
Sag' ich lass' sie grüßen.

Wo wird einst des Wandermüden
Letzte Ruhestätte seyn?
Unter Palmen in dem Süden?
Unter Linden an dem Rhein?

Werd ich wo in einer Wüste
Eingescharrt von fremder Hand?
Oder ruh ich an der Küste
Eines Meeres in dem Sand.

Immerhin mich wird umgeben
Gotteshimmel, dort wie hier,
Und als Todtenlampen schweben
Nachts die Sterne über mir.

Das Fräulein stand am Meere
Und seufzte lang und bang,
Es rührte sie so sehre
Der Sonnenuntergang.

Mein Fräulein! seyn Sie munter,
Das ist ein altes Stück;
Hier vorne geht sie unter
Und kehrt von hinten zurück.

Ich hatte einst ein schönes Vaterland.
Der Eichenbaum
Wuchs dort so hoch, die Veilchen nickten sanft.
Es war ein Traum.

Das küßte mich auf deutsch, und sprach auf deutsch
[Man glaubt es kaum
Wie gut es klang] das Wort: »ich liebe dich!«
Es war ein Traum.

Wenn ich, beseligt von schönen Küssen,
In deinen Armen mich wohlbefinde,
Dann mußt du mir nie von Deutschland reden; –
Ich kanns nicht vertragen – es hat seine Gründe.

Ich bitte dich, laß mich mit Deutschland in Frieden!
Du mußt mich nicht plagen mit ewigen Fragen
Nach Heimath, Sippschaft und Lebensverhältniß; –
Es hat seine Gründe – ich kanns nicht vertragen.

Die Eichen sind grün, und blau sind die Augen
Der deutschen Frauen; sie schmachten gelinde
Und seufzen von Liebe, Hoffnung und Glauben; –
Ich kanns nicht vertragen – es hat seine Gründe.

NACHTGEDANKEN.

Denk ich an Deutschland in der Nacht,
Dann bin ich um den Schlaf gebracht,
Ich kann nicht mehr die Augen schließen,
Und meine heißen Thränen fließen.

Die Jahre kommen und vergehn!
Seit ich die Mutter nicht gesehn,
Zwölf Jahre sind schon hingegangen;
Es wächst mein Sehnen und Verlangen.

Mein Sehnen und Verlangen wächst.
Die alte Frau hat mich behext
Ich denke immer an die alte,
Die alte Frau, die Gott erhalte!

Die alte Frau hat mich so lieb,
Und in den Briefen, die sie schrieb,
Seh' ich wie ihre Hand gezittert,
Wie tief das Mutterherz erschüttert.

Die Mutter liegt mir stets im Sinn.
Zwölf lange Jahre flossen hin,
Zwölf lange Jahre sind verflossen,
Seit ich sie nicht ans Herz geschlossen.

Deutschland hat ewigen Bestand,
Es ist ein kerngesundes Land,
Mit seinen Eichen, seinen Linden,
Werd' ich es immer wiederfinden.

Nach Deutschland lechzt' ich nicht so sehr,
Wenn nicht die Mutter dorten wär';
Das Vaterland wird nie verderben,
jedoch die alte Frau kann sterben.

Seit ich das Land verlassen hab',
So viele sanken dort in's Grab,
Die ich geliebt – wenn ich sie zähle,
So will verbluten meine Seele.

Und zählen muß ich – Mit der Zahl
Schwillt immer höher meine Qual,
Mir ist als wälzten sich die Leichen
Auf meine Brust – Gottlob! sie weichen!

Gottlob! durch meine Fenster bricht
Französisch heit'res Tageslicht;
Es kommt mein Weib, schön wie der Morgen,
Und lächelt fort die deutschen Sorgen.

DAS NEUE ISRAELITISCHE HOSPITAL ZU HAMBURG.

Ein Hospital für arme, kranke Juden,
Für Menschenkinder, welche dreyfach elend,
Behaftet mit den bösen drey Gebresten,
Mit Armuth, Körperschmerz und Judenthume!

Das schlimmste von den dreyen ist das letzte,
Das tausendjährige Familienübel,
Die aus dem Nylthal mitgeschleppte Plage,
Der altegyptisch ungesunde Glauben.

Unheilbar tiefes Leid! Dagegen helfen
Nicht Dampfbad, Dusche, nicht die Apparate
Der Chirurgie, noch all die Arzeneyen,
Die dieses Haus den siechen Gästen bietet.

Wird einst die Zeit, die ew'ge Göttinn, tilgen
Das dunkle Weh, das sich vererbt vom Vater
Herunter auf den Sohn, – wird einst der Enkel
Genesen und vernünftig seyn und glücklich?

Ich weiß es nicht! Doch mittlerweile wollen
Wir preisen jenes Herz, das klug und liebreich
Zu lindern suchte, was der Lindrung fähig,
Zeitlichen Balsam träufelnd in die Wunden.

Der theure Mann! Er baute hier ein Obdach
Für Leiden, welche heilbar durch die Künste
Des Arztes, [oder auch des Todes!] sorgte
Für Polster, Labetrank, Wartung und Pflege –

Ein Mann der That, that er was eben thunlich;
Für gute Werke gab er hin den Taglohn
Am Abend seines Lebens, menschenfreundlich,
Durch Wohlthun sich erholend von der Arbeit.

Er gab mit reicher Hand – doch reich're Spende
Entrollte manchmal seinem Aug', die Thräne,
Die kostbar schöne Thräne, die er weinte
Ob der unheilbar großen Brüderkrankheit.

DIE SCHLESISCHEN WEBER.

Im düstern Auge keine Thräne,
Sie sitzen am Webstuhl und fletschen die Zähne:
Altdeutschland wir weben dein Leichentuch,
Wir weben hinein den dreyfachen Fluch –
Wir weben, wir weben!

Ein Fluch dem Gotte, zu dem wir gebeten,
In Winterkälte und Hungersnöthen;
Wir haben vergebens gehofft und geharrt,
Er hat uns geäfft und gefoppt und genarrt –
Wir weben, wir weben!

Ein Fluch dem König, dem König der Reichen,
Den unser Elend nicht konnte erweichen,
Der den letzten Groschen von uns erpreßt,
Und uns wie Hunde erschießen läßt –
Wir weben, wir weben!

Ein Fluch dem falschen Vaterlande,
Wo nur gedeihen Schmach und Schande,
Wo jede Blume früh geknickt,
Und Fäulniß und Moder den Wurm erquickt –
Wir weben, wir weben!

Das Schiffchen fliegt, der Webstuhl kracht,
Wir weben emsig Tag und Nacht –
Altdeutschland, wir weben dein Leichentuch,
Wir weben hinein den dreyfachen Fluch,
Wir weben, wir weben!

DER ASRA.

Täglich ging die wunderschöne
Sultanstochter auf und nieder
Um die Abendzeit am Springbrunn,
Wo die weißen Wasser plätschern.

Täglich stand der junge Sklave
Um die Abendzeit am Springbrunn,
Wo die weißen Wasser plätschern;
Täglich ward er bleich und bleicher.

Eines Abends trat die Fürstin
Auf ihn zu mit raschen Worten:
Deinen Namen will ich wissen,
Deine Heimath, deine Sippschaft!

Und der Sklave sprach: ich heiße
Mohamet, ich bin aus Yemmen,
Und mein Stamm sind jene Asra,
Welche sterben wenn sie lieben.

UNVOLLKOMMENHEIT.

Nichts ist vollkommen hier auf dieser Welt.
Der Rose ist der Stachel beygesellt;
Ich glaube gar, die lieben holden Engel
Im Himmel droben sind nicht ohne Mängel.

Der Tulpe fehlt der Duft. Es heißt am Rhein:
Auch Ehrlich stahl einmal ein Ferkelschwein.
Hätte Lucretia sich nicht erstochen,
Sie wär' vielleicht gekommen in die Wochen.

Häßliche Füße hat der stolze Pfau.
Uns kann die amüsant geistreichste Frau
Manchmal langweilen wie die Henriade
Voltair's, sogar wie Klopstocks Messiade.

Die bravste, klügste Kuh kein Spanisch weiß,
Wie Maßmann kein Latein – Der Marmorsteiß
Der Venus von Canova ist zu glatte,
Wie Maßmanns Nase viel zu ärschig platte.

Im süßen Lied ist oft ein saurer Reim,
Wie Bienenstachel steckt im Honigseim.
Am Fuß verwundbar war der Sohn der Thetis,
Und Alexander Dumas ist ein Metis.

Der stralenreinste Stern am Himmelzelt,
Wenn er den Schnupfen kriegt, herunterfällt.
Der beste Aepfelwein schmeckt nach der Tonne,
Und schwarze Flecken sieht man in der Sonne.

Du bist, verehrte Frau, du selbst sogar
Nicht fehlerfrey, nicht aller Mängel baar.
Du schaust mich an – du fragst mich was dir fehle?
Ein Busen, und im Busen eine Seele.

AUTO-DA-FE.

Welke Veilchen, stäub'ge Locken,
Ein verblichen blaues Band,
Halb zerrissene Billette,
Längst vergessner Herzenstand –

In die Flammen des Kamines
Werf' ich sie verdross'nen Blicks;
Aengstlich knistern diese Trümmer
Meines Glücks und Mißgeschicks.

Liebesschwüre, flatterhafte
Falsche Eide, in den Schlot
Fliegen sie hinauf – es kichert
Unsichtbar der kleine Gott.

Bey den Flammen des Kamines
Sitz' ich träumend, und ich seh'
Wie die Fünkchen in der Asche
Still verglühn – Gut' Nacht – Ade!

»Nicht gedacht soll seiner werden«
Aus dem Mund der armen alten
Esther Wolf hört ich die Worte
Die ich treu im Sinn behalten.

Ausgelöscht seyn aus der Menschen
Angedenken hier auf Erden –
Ist die Blume der Verwünschung!
Nicht gedacht soll seiner werden.

Herz, mein Herz, ström aus die Fluten
Deiner Klagen und Beschwerden,
Doch von Ihm sey nie die Rede –
Nicht gedacht soll seiner werden.

Nicht gedacht soll seiner werden,
Nicht im Liede, nicht im Buche –
Dunkler Hund im dunklen Grabe
Du verfaulst mit meinem Fluche!

Selbst am Auferstehungstage,
Wenn geweckt von den Fanfaren
Der Posaunen, schlotternd wallen
Zum Gericht die Todtenschaaren,

Und alldort der Engel ablies't
Vor den göttlichen Behörden
Alle Namen der Geladnen –
Nicht gedacht soll seiner werden!

Das Glück ist eine leichte Dirne,
Und weilt nicht gern am selben Ort;
Sie streicht das Haar dir von der Stirne
Und küßt dich rasch und flattert fort.

Frau Unglück hat im Gegentheile
Dich liebefest an's Herz gedrückt;
Sie sagt, sie habe keine Eile,
Setzt sich zu dir an's Bett und strickt.

ENFANT PERDÜ.

Verlor'ner Posten in dem Freyheitskriege,
Hielt ich seit dreyzig Jahren treulich aus.
Ich kämpfte ohne Hoffnung, daß ich siege,
Ich wußte, nie komm' ich gesund nach Haus.

Ich wachte Tag und Nacht – Ich konnt' nicht
  schlafen,
Wie in dem Lagerzelt der Freunde Schaar –
[Auch hielt das laute Schnarchen dieser Braven
Mich wach, wenn ich ein bischen schlummrig war].

In jenen Nächten hat Langweil' ergriffen
Mich oft, auch Furcht – [nur Narren fürchten
  nichts] –
Sie zu verscheuchen, hab' ich dann gepfiffen
Die frechen Reime eines Spottgedichts.

Ja, wachsam stand ich, das Gewehr im Arme,
Und nahte irgend ein verdächt'ger Gauch,
So schoß ich gut und jagt' ihm eine warme,
Brühwarme Kugel in den schnöden Bauch.

Mitunter freylich mocht' es sich ereignen,
Daß solch ein schlechter Gauch gleichfalls sehr gut
Zu schießen wußte – ach, ich kann's nicht läugnen –
Die Wunden klaffen – es verströmt mein Blut.

Ein Posten ist vakant! – Die Wunden klaffen –
Der Eine fällt, die Andern rücken nach –
Doch fall' ich unbesiegt, und meine Waffen
Sind nicht gebrochen – Nur mein Herze brach.

GEDÄCHTNISSFEYER.

Keine Messe wird man singen,
Keinen Kadosch wird man sagen,
Nichts gesagt und nichts gesungen
Wird an meinen Sterbetagen.

48

Doch vielleicht an solchem Tage,
Wenn das Wetter schön und milde,
Geht spazieren auf Montmartre
Mit Paulinen Frau Mathilde.

Mit dem Kranz von Immortellen
Kommt sie mir das Grab zu schmücken,
Und sie seufzet: *Pauvre homme!*
Feuchte Wehmuth in den Blicken.

Leider wohn' ich viel zu hoch,
Und ich habe meiner Süßen
Keinen Stuhl hier anzubieten;
Ach! sie schwankt mit müden Füßen.

Süßes, dickes Kind, du darfst
Nicht zu Fuß nach Hause gehen;
An dem Barrière-Gitter
Siehst du die Fiaker stehen.

DIE WANDERRATTEN.

Es giebt zwey Sorten Ratten
Die hungrigen und satten
Die Satten bleiben vergnügt zu Haus,
Die Hungrigen aber wandern aus

Sie wandern viel tausend Meilen
Ganz ohne Rasten und Weilen
Gradaus in ihrem grimmigen Lauf
Nicht Wind noch Wetter hält sie auf.

Sie klimmen wohl über die Höhen
Sie schwimmen wohl durch die Seeen,
Gar mancher ersäuft oder bricht das Genik,
Die Lebenden lassen die Todten zurück

Es haben diese Käutze
Gar fürchterliche Schnäuze
Sie tragen die Köpfe geschoren egal
Ganz radikal, ganz rattenkahl

Die radikale Rotte
Weiß nichts von einem Gotte.
Sie lassen nicht taufen ihre Brut
Die Weiber sind Gemeindegut.

Der sinnliche Rattenhaufen
Er will nur fressen und saufen,
Er denkt nicht während er säuft und frist,
Daß unsre Seele unsterblich ist.

So eine wilde Ratze
Die fürchtet nicht Hölle nicht Katze,
Sie hat kein Gut, sie hat kein Geld
Und wünscht aufs neue zu theilen die Welt.

Die Wanderratten, O Wehe!
Sie sind schon in der Nähe,
Sie rücken heran, ich höre schon
Ihr Pfeifen, die Zahl ist Legion.

O Wehe! wir sind verloren
Sie sind schon vor den Thoren!
Der Bürgermeister und Senat,
Sie schütteln die Köpfe und keiner weiß Rath.

Die Bürgerschaft greift zu den Waffen,
Die Glocken läuten die Pfaffen.
Gefährdet ist das Paladium
Des sittlichen Staats, das Eigenthum.

Nicht Glockengeläute, nicht Pfaffengebete
Nicht hochwohlweise Senatsdekrete
Auch nicht Kanonen, viel hundertpfünder,
Sie helfen Euch heute, Ihr lieben Kinder.

Heut helfen Euch nicht die Wortgespinste
Der abgelebten Redekünste.
Man fängt nicht Ratten mit Syllogismen
Sie springen über die feinsten Sophismen

Im hungrigen Magen Eingang finden
Nur Suppenlogik mit Knödelgründen
Nur Argumente von Rinderbraten
Begleitet mit göttinger Wurst-Citaten.

Ein schweigender Stockfisch in Butter gesotten
Behaget den radikalen Rotten
Viel besser als ein Mirabeau
Und alle Redner seit Cicero.

DAS HOHELIED.

Des Weibes Leib ist ein Gedicht,
Das Gott der Herr geschrieben
Ins große Stammbuch der Natur,
Als ihn der Geist getrieben.

Ja, günstig war die Stunde ihm,
Der Gott war hoch begeistert;
Er hat den spröden, rebellischen Stoff
Ganz künstlerisch bemeistert.

Fürwahr, der Leib des Weibes ist
Das Hohelied der Lieder;
Gar wunderbare Strophen sind
Die schlanken, weißen Glieder.

O, welche göttliche Idee
Ist dieser Hals, der blanke,
Worauf sich wiegt der kleine Kopf,
Der lockige Hauptgedanke.

Der Brüstchen Rosenknospen sind
Epigrammatisch gefeilet;
Unsäglich entzückend ist die Cäsur
Die streng den Busen theilet.

Den plastischen Schöpfer offenbart
Der Hüften Parallele;
Der Zwischensatz mit dem Feigenblatt
Ist auch eine schöne Stelle.

Das ist kein abstraktes Begriffspoem!
Das Lied hat Fleisch und Rippen,
Hat Hand und Fuß; es lacht und küßt
Mit schöngereimten Lippen.

Hier athmet wahre Poesie!
Anmuth in jeder Wendung!
Und auf der Stirne trägt das Lied
Den Stempel der Vollendung.

Lobsingen will ich dir, o Herr,
Und dich im Staub anbeten!
Wir sind nur Stümper gegen dich,
Den himmlischen Poeten.

Versenken will ich mich, o Herr,
In deines Liedes Prächten;
Ich widme seinem Studium
Den Tag mitsammt den Nächten.

Ja, Tag und Nacht studier ich dran,
Will keine Zeit verlieren;
Die Beine werden mir so dünn –
Das kommt vom vielen Studieren.

Laß die heil'gen Parabolen,
Laß die frommen Hypothesen –
Suche die verdammten Fragen
Ohne Umschweif uns zu lösen.

Warum schleppt sich blutend, elend,
Unter Kreuzlast der Gerechte,
Während glücklich als ein Sieger
Trabt auf hohem Roß der Schlechte?

Woran liegt die Schuld? Ist etwa
Unser Herr nicht ganz allmächtig?
Oder treibt er selbst den Unfug?
Ach, das wäre niederträchtig.

Also fragen wir beständig,
Bis man uns mit einer Handvoll
Erde endlich stopft die Mäuler –
Aber ist das eine Antwort?

Worte! Worte! keine Thaten!
Nimals Fleisch, geliebte Puppe,
Immer Geist und keinen Braten,
Keine Knödel in der Suppe!

Doch vielleicht ist dir zuträglich
Nimmermehr die Lendenkraft
Welche gallopiret täglich
Auf dem Roß der Leidenschaft

Ja, ich fürchte fast, es riebe
Zartes Kind, dich endlich auf
Jene wilde Jagd der Liebe
Amors *Steeple race* Wettlauf

Viel gesunder glaub ich schier
Ist für dich ein kranker Mann
Als Liebhaber, der gleich mir
Kaum ein Glied bewegen kann

Deßhalb unsrem Herzensbund
Liebste, widme deine Triebe
Solches ist dir sehr gesund,
Eine Art Gesundheitsliebe.

DER RABBI VON BACHERACH.

(Ein Fragment.)

Seinem
geliebten Freunde,
Heinrich Laube,
widmet
die Legende des
Rabbi von Bacherach,
heiter grüßend,

der Verfasser.

ERSTES CAPITEL.

Unterhalb des Rheingaus, wo die Ufer des Stromes ihre lachende Miene verlieren, Berg und Felsen, mit ihren abentheuerlichen Burgruinen, sich trotziger gebährden, und eine
wildere, ernstere Herrlichkeit emporsteigt, dort liegt, wie eine
schaurige Sage der Vorzeit, die finstre, uralte Stadt Bacherach.
Nicht immer waren so morsch und verfallen diese Mauern
mit ihren zahnlosen Zinnen und blinden Warththürmchen,
in deren Lucken der Wind pfeift und die Spatzen nisten; in
diesen armseelig häßlichen Lehmgassen, die man durch das
zerrissene Thor erblickt, herrschte nicht immer jene öde Stille,
die nur dann und wann unterbrochen wird von schreyenden
Kindern, keifenden Weibern und brüllenden Kühen. Diese
Mauern waren einst stolz und stark, und in diesen Gassen be-

wegte sich frisches, freyes Leben, Macht und Pracht, Lust und Leid, viel Liebe und viel Haß. Bacherach gehörte einst zu jenen Munizipien, welche von den Römern während ihrer Herrschaft am Rhein gegründet worden, und die Einwohner, obgleich die folgenden Zeiten sehr stürmisch und obgleich sie späterhin unter hohenstaufischer, und zuletzt unter wittelsbacher Oberherrschaft geriethen, wußten dennoch, nach dem Beyspiel andrer rheinischen Städte, ein ziemlich freyes Gemeinwesen zu erhalten. Dieses bestand aus einer Verbindung einzelner Körperschaften, wovon die der patrizischen Altbürger und die der Zünfte, welche sich wieder nach ihren verschiedenen Gewerken unterabtheilten, beiderseitig nach der Alleinmacht rangen: so daß sie sämmtlich nach außen, zu Schutz und Trutz gegen den nachbarlichen Raubadel, fest verbunden standen, nach innen aber, wegen streitender Interessen, in beständiger Spaltung verharrten; und daher unter ihnen wenig Zusammenleben, viel Mißtrauen, oft sogar thätliche Ausbrüche der Leidenschaft. Der herrschaftliche Vogt saß auf der hohen Burg Stahleck, und wie sein Falke schoß er herab wenn man ihn rief, und auch manchmal ungerufen. Die Geistlichkeit herrschte im Dunkeln durch die Verdunkelung des Geistes. Eine am meisten vereinzelte, ohnmächtige und vom Bürgerrechte allmählig verdrängte Körperschaft war die kleine Judengemeinde, die schon zur Römerzeit in Bacherach sich niedergelassen und späterhin, während der großen Judenverfolgung, ganze Schaaren flüchtiger Glaubensbrüder in sich aufgenommen hatte.

Die große Judenverfolgung begann mit den Kreuzzügen und wüthete am grimmigsten um die Mitte des vierzehnten Jahrhunderts, am Ende der großen Pest, die, wie jedes andre öffentliche Unglück, durch die Juden entstanden seyn sollte, indem man behauptete, sie hätten den Zorn Gottes herabgeflucht und mit Hülfe der Aussätzigen die Brunnen vergiftet.

Der gereitzte Pöbel, besonders die Horden der Flagellanten, halbnackte Männer und Weiber, die zur Buße sich selbst geißelnd und ein tolles Marienlied singend, die Rheingegend und das übrige Süddeutschland durchzogen, ermordeten damals viele tausend Juden, oder marterten sie, oder tauften sie gewaltsam. Eine andre Beschuldigung, die ihnen schon in früherer Zeit, das ganze Mittelalter hindurch bis Anfang des vorigen Jahrhunderts, viel Blut und Angst kostete, das war das läppische, in Chroniken und Legenden bis zum Ekel oft wiederholte Mährchen: daß die Juden geweihte Hostien stählen, die sie mit Messern durchstächen bis das Blut herausfließe, und daß sie an ihrem Paschafeste Christenkinder schlachteten, um das Blut derselben bey ihrem nächtlichen Gottesdienste zu gebrauchen. Die Juden, hinlänglich verhaßt wegen ihres Glaubens, ihres Reichthums, und ihrer Schuldbücher, waren an jenem Festtage ganz in den Händen ihrer Feinde, die ihr Verderben nur gar zu leicht bewirken konnten, wenn sie das Gerücht eines solchen Kindermords verbreiteten, vielleicht gar einen blutigen Kinderleichnam in das verfehmte Haus eines Juden heimlich hineinschwärzten, und dort nächtlich die betende Judenfamilie überfielen; wo alsdann gemordet, geplündert und getauft wurde, und große Wunder geschahen durch das vorgefundne todte Kind, welches die Kirche am Ende gar kanonisirte. Sankt Werner ist ein solcher Heiliger, und ihm zu Ehren ward zu Oberwesel jene prächtige Abtey gestiftet, die jetzt am Rhein eine der schönsten Ruinen bildet, und mit der gothischen Herrlichkeit ihrer langen spitzbögigen Fenster, stolz emporschießender Pfeiler und Steinschnitzeleyen uns so sehr entzückt, wenn wir an einem heitergrünen Sommertage vorbeyfahren und ihren Ursprung nicht kennen. Zu Ehren dieses Heiligen wurden am Rhein noch drey andre große Kirchen errichtet, und unzählige Juden getödtet oder mißhandelt. Dies geschah im Jahr 1287, und auch zu Bacherach, wo eine von diesen Sankt-Wernerskirchen gebaut wurde, erging damals über die Juden viel Drangsal und Elend. Doch zwey Jahrhunderte seitdem blieben sie verschont von solchen Anfällen der Volkswuth, obgleich sie noch immer hinlänglich angefeindet und bedroht wurden.

Je mehr aber der Haß sie von außen bedrängte, desto inniger und traulicher wurde das häusliche Zusammenleben, desto tiefer wurzelte die Frömmigkeit und Gottesfurcht der Juden von Bacherach. Ein Muster gottgefälligen Wandels war der dortige Rabiner, genannt Rabbi Abraham, ein noch jugendlicher Mann, der aber weit und breit wegen seiner Gelahrtheit berühmt war. Er war geboren in dieser Stadt, und sein Vater, der dort ebenfalls Rabiner gewesen, hatte ihm in seinem letzten Willen befohlen, sich demselben Amt zu widmen und Bacherach nie zu verlassen, es seye denn wegen Lebensgefahr. Dieser Befehl und ein Schrank mit seltenen Büchern war alles was sein Vater, der bloß in Armuth und Schriftgelahrtheit lebte, ihm hinterließ. Dennoch war Rabbi Abraham ein sehr reicher Mann; verheurathet mit der einzigen Tochter seines verstorbenen Vaterbruders, welcher den Juvelenhandel getrieben, erbte er dessen große Reichthümer. Einige Fuchsbärte in der Gemeinde deuteten darauf hin, als wenn der Rabbi eben des Geldes wegen seine Frau geheurathet habe. Aber sämmtliche Weiber widersprachen und wußten alte Geschichten zu erzählen: wie der Rabbi, schon vor seiner Reise nach Spanien, verliebt gewesen in Sara – man hieß sie eigentlich die schöne Sara – und wie Sara sieben Jahre warten mußte, bis der Rabbi aus Spanien zurückkehrte, indem er sie gegen den Willen ihres Vaters und selbst gegen ihre eigne Zustimmung durch den Trau-Ring geheurathet hatte. Jedweder Jude nemlich kann ein jüdisches Mädchen zu seinem rechtmäßigen Eheweibe machen, wenn es ihm gelang ihr einen Ring an den Finger zu stecken und dabei die Worte zu sprechen: »ich

nehme dich zu meinem Weibe nach den Sitten von Moses
und Israel!« Bey der Erwähnung Spaniens pflegten die Fuchsbärte auf eine ganz eigne Weise zu lächeln; und das geschah
wohl wegen eines dunkeln Gerüchts, daß Rabbi Abraham
auf der hohen Schule zu Toledo zwar emsig genug das Studium des göttlichen Gesetzes getrieben, aber auch christliche
Gebräuche nachgeahmt und freygeistige Denkungsart ein-
gesogen habe, gleich jenen spanischen Juden, die damals auf
einer außerordentlichen Höhe der Bildung standen. Im Innern ihrer Seele aber glaubten jene Fuchsbärte sehr wenig an
die Wahrheit des angedeuteten Gerüchts. Denn überaus rein,
fromm und ernst war seit seiner Rückkehr aus Spanien die
Lebensweise des Rabbi, die kleinlichsten Glaubensgebräuche
übte er mit ängstlicher Gewissenhaftigkeit, alle Montag und
Donnerstag pflegte er zu fasten, nur am Sabath oder anderen Feyertagen genoß er Fleisch und Wein, sein Tag verfloß
in Gebeth und Studium, des Tages erklärte er das göttliche
Gesetz im Kreise der Schüler, die der Ruhm seines Namens
nach Bacherach gezogen, und des Nachts betrachtete er die
Sterne des Himmels oder die Augen der schönen Sara. Kin-
derlos war die Ehe des Rabbi; dennoch fehlte es nicht um ihn
her an Leben und Bewegung. Der große Saal seines Hauses,
welches neben der Synagoge lag, stand offen zum Gebrauche
der ganzen Gemeinde: hier ging man aus und ein ohne Um-
stände, verrichtete schleunige Gebethe, oder holte Neuigkei-
ten, oder hielt Berathung in allgemeiner Noth; hier spielten
die Kinder am Sabathmorgen während in der Synagoge der
wöchentliche Abschnitt verlesen wurde; hier versammelte
man sich bey Hochzeit- und Leichenzügen, und zankte sich
und versöhnte sich; hier fand der Frierende einen warmen
Ofen und der Hungrige einen gedeckten Tisch. Außerdem
bewegten sich um den Rabbi noch eine Menge Verwandte, Brüder und Schwestern, mit ihren Weibern und Kindern,

so wie auch seine und seiner Frau gemeinschaftliche Oehme und Muhmen, eine weitläuftige Sippschaft, die alle den Rabbi als Familienhaupt betrachteten, im Hause desselben früh und spät verkehrten, und an hohen Festtagen sämmtlich dort zu speisen pflegten. Solche gemeinschaftliche Familienmahle im Rabinerhause fanden ganz besonders statt bey der jährlichen Feyer des Pascha, eines uralten, wunderbaren Festes, das noch jetzt die Juden in der ganzen Welt, am Vorabend des vierzehnten Tages im Monat Nissen, zum ewigen Gedächtnisse ihrer Befreyung aus egyptischer Knechtschaft, folgendermaßen begehen:

Sobald es Nacht ist, zündet die Hausfrau die Lichter an, spreitet das Tafeltuch über den Tisch, legt in der Mitte desselben drey von den platten, ungesäuerten Brödten, verdeckt sie mit einer Serviette, und stellt auf diesen erhöhten Platz sechs kleine Schüsseln, worin symbolische Speisen enthalten, nemlich ein Ey, Lattig, Mayrettigwurzel, ein Lammknochen, und eine braune Mischung von Rosinen, Zimmet und Nüssen. An diesen Tisch setzt sich der Hausvater, mit allen Verwandten und Genossen, und liest ihnen vor aus einem abentheuerlichen Buche, das die Agade heißt, und dessen Inhalt eine seltsame Mischung ist von Sagen der Vorfahren, Wundergeschichten aus Egypten, kuriosen Erzählungen, Streitfragen, Gebethen und Festliedern. Eine große Abendmahlzeit wird in die Mitte dieser Feyer eingeschoben, und sogar während des Vorlesens wird zu bestimmten Zeiten etwas von den symbolischen Gerichten gekostet, so wie alsdann auch Stückchen von dem ungesäuerten Brodte gegessen und vier Becher rothen Weines getrunken werden. Wehmüthig heiter, ernsthaft spielend und mährchenhaft geheimnißvoll ist der Charakter dieser Abendfeyer, und der herkömmlich singende Ton, womit die Agade von dem Hausvater vorgelesen und zuweilen chorartig von den Zuhörern nachgesprochen wird, klingt so schauervoll innig, so mütterlich einlullend, und zugleich so hastig aufweckend, daß selbst diejenigen Juden, die längst von dem Glauben ihrer Väter abgefallen und fremden Freuden und Ehren nachgejagt sind, im tiefsten Herzen erschüttert werden wenn ihnen die alten wohlbekannten Paschaklänge zufällig ins Ohr dringen.

Im großen Saale seines Hauses saß einst Rabbi Abraham, und mit seinen Anverwandten, Schülern und übrigen Gästen beging er die Abendfeyer des Paschafestes. Im Saale war alles mehr als gewöhnlich blank; über den Tisch zog sich die buntgestickte Seidendecke deren Goldfranzen bis auf die Erde hingen; traulich schimmerten die Tellerchen mit den symbolischen Speisen, so wie auch die hohen weingefüllten Becher, woran als Zierrath lauter heilige Geschichten von getriebener Arbeit; die Männer saßen in ihren Schwarzmänteln und schwarzen Platthüten und weißen Halsbergen; die Frauen, in ihren wunderlich glitzernden Kleidern von lombardischen Stoffen, trugen um Haupt und Hals ihr Gold- und Perlengeschmeide; und die silberne Sabathlampe goß ihr festlichstes Licht über die andächtig vergnügten Gesichter der Alten und Jungen. Auf den purpurnen Sammetkissen eines mehr als die übrigen erhabenen Sessels, und angelehnt wie es der Gebrauch heischt, saß Rabbi Abraham und las und sang die Agade, und der bunte Chor stimmte ein oder antwortete bey den vorgeschriebenen Stellen. Der Rabbi trug ebenfalls sein schwarzes Festkleid, seine edelgeformten, etwas strengen Züge waren milder denn gewöhnlich, die Lippen lächelten hervor aus dem braunen Barte, als wenn sie viel Holdes erzählen wollten, und in seinen Augen schwamm es wie seelige Erinnerung und Ahnung. Die schöne Sara, die auf einem ebenfalls erhabenen Sammetsessel an seiner Seite saß, trug als Wirthinn nichts von ihrem Geschmeide, nur weißes Linnen umschloß ihren schlanken Leib und ihr frommes Antlitz.

Dieses Antlitz war rührend schön, wie denn überhaupt die Schönheit der Jüdinnen von eigenthümlich rührender Art ist; das Bewußtseyn des tiefen Elends, der bittern Schmach und der schlimmen Fahrnisse worinn ihre Verwandte und Freunde leben, verbreitet über ihre holden Gesichtszüge eine gewisse leidende Innigkeit und beobachtende Liebesangst, die unsere Herzen sonderbar bezaubern. So saß heute die schöne Sara und sah beständig nach den Augen ihres Mannes; dann und wann schaute sie auch nach der vor ihr liegenden Agade, dem hübschen, in Gold und Sammt gebundenen Pergamentbuche, einem alten Erbstück mit verjährten Weinflecken aus den Zeiten ihres Großvaters, und worinn so viele keck und bunt gemalten Bilder, die sie schon als kleines Mädchen, am Pascha-Abend, so gerne betrachtete, und die allerley biblische Geschichten darstellten, als da sind: wie Abraham die steinernen Götzen seines Vaters mit dem Hammer entzweyklopft, wie die Engel zu ihm kommen, wie Moses den Mitzri todtschlägt, wie Pharao prächtig auf dem Throne sitzt, wie ihm die Frösche sogar bey Tisch keine Ruhe lassen, wie er Gott sey Dank versäuft, wie die Kinder Israel vorsichtig durch das rothe Meer gehen, wie sie offnen Maules, mit ihren Schafen, Kühen und Ochsen vor dem Berge Sinai stehen, dann auch wie der fromme König David die Harfe spielt, und endlich wie Jerusalem mit den Thürmen und Zinnen seines Tempels bestralt wird vom Glanze der Sonne!

Der zweite Becher war schon eingeschenkt, die Gesichter und Stimmen wurden immer heller, und der Rabbi, indem er eins der ungesäuerten Osterbrödte ergriff und heiter grüßend emporhielt, las er folgende Worte aus der Agade: »Siehe! das ist die Kost, die unsere Väter in Egypten genossen! Jeglicher, den es hungert, er komme und genieße! Jeglicher, der da traurig, er komme und theile unsre Paschafreude! Gegenwärtigen Jahres feyern wir hier das Fest, aber zum kommenden Jahre im Lande

Israels! Gegenwärtigen Jahres feyern wir es noch als Knechte, aber zum kommenden Jahre als Söhne der Freyheit!«

Da öffnete sich die Saalthüre, und hereintraten zwey große blasse Männer, in sehr weiten Mänteln gehüllt, und der Eine sprach: »Friede sey mit Euch, wir sind reisende Glaubensgenossen und wünschen das Paschafest mit Euch zu feyern.« Und der Rabbi antwortete rasch und freundlich: »Mit Euch sey Frieden, setzt Euch nieder in meiner Nähe.« Die beiden Fremdlinge setzten sich alsbald zu Tische, und der Rabbi fuhr fort im Vorlesen. Manchmal, während die übrigen noch im Zuge des Nachsprechens waren, warf er kosende Worte nach seinem Weibe, und anspielend auf den alten Scherz, daß ein jüdischer Hausvater sich an diesem Abend für einen König hält, sagte er zu ihr: »Freue dich, meine Königinn!« Sie aber antwortete, wehmüthig lächelnd »es fehlt uns ja der Prinz!« und damit meinte sie den Sohn des Hauses, der, wie eine Stelle in der Agade es verlangt, mit vorgeschriebenen Worten seinen Vater um die Bedeutung des Festes befragen soll. Der Rabbi erwiederte nichts und zeigte bloß mit dem Finger nach einem eben aufgeschlagenen Bilde in der Agade, wo überaus anmuthig zu schauen war: wie die drey Engel zu Abraham kommen, um zu verkünden, daß ihm ein Sohn geboren werde von seiner Gattinn Sara, welche unterdessen, weiblich pfiffig, hinter der Zeltthüre steht um die Unterredung zu belauschen. Dieser leise Wink goß dreyfaches Roth über die Wangen der schönen Frau, sie schlug die Augen nieder, und sah dann wieder freundlich empor nach ihrem Manne, der singend fortfuhr im Vorlesen der wunderbaren Geschichte: wie Rabbi Jesua, Rabbi Elieser, Rabbi Asaria, Rabbi Akiba, und Rabbi Tarphen in Bona-Brak angelehnt saßen und sich die ganze Nacht vom Auszuge der Kinder Israel aus Egypten unterhielten, bis ihre Schüler kamen und ihnen zuriefen, es sey Tag und in der Synagoge verlese man schon das große Morgengebet.

Derweilen nun die schöne Sara andächtig zuhörte, und ihren Mann beständig ansah, bemerkte sie wie plötzlich sein Antlitz in grausiger Verzerrung erstarrte, das Blut aus seinen Wangen und Lippen verschwand und seine Augen wie Eiszapfen hervorglotzten; – aber fast im selben Augenblicke sah sie wie seine Züge wieder die vorige Ruhe und Heiterkeit annahmen, wie seine Lippen und Wangen sich wieder rötheten, seine Augen munter umherkreisten, ja, wie sogar eine ihm sonst ganz fremde, tolle Laune sein ganzes Wesen ergriff. Die schöne Sara erschrak wie sie noch nie in ihrem Leben erschrocken war, und ein inneres Grauen stieg kältend in ihr auf, weniger wegen der Zeichen von starrem Entsetzen, die sie einen Momentlang im Gesichte ihres Mannes erblickt hatte, als wegen seiner jetzigen Fröhlichkeit die allmählig in jauchzende Ausgelassenheit überging. Der Rabbi schob sein Barett spielend von einem Ohre zum andern, zupfte und kräuselte possirlich seine Bartlocken, sang den Agadetext nach der Weise eines Gassenhauers, und bey der Aufzählung der egyptischen Plagen, wo man mehrmals den Zeigefinger in den vollen Becher eintunkt und den anhängenden Weintropfen zur Erde wirft, bespritzte der Rabbi die jüngeren Mädchen mit Rothwein, und es gab großes Klagen über verdorbene Halskrausen, und schallendes Gelächter. Immer unheimlicher ward es der schönen Sara bey dieser krampfhaft sprudelnden Lustigkeit ihres Mannes, und beklommen von namenloser Bangigkeit schaute sie in das summende Gewimmel der buntbeleuchteten Menschen, die sich behaglich breit hin und her schaukelten, an den dünnen Paschabrödten knoperten, oder Wein schlürften, oder mit einander schwatzten, oder laut sangen, überaus vergnügt.

Da kam die Zeit wo die Abendmahlzeit gehalten wird, alle standen auf um sich zu waschen, und die schöne Sara holte das große, silberne, mit getriebenen Goldfiguren reichverzierte Waschbecken, das sie jedem der Gäste vorhielt, während ihm Wasser über die Hände gegossen wurde. Als sie auch dem Rabbi diesen Dienst erwies, blinzelte ihr dieser bedeutsam mit den Augen, und schlich zur Thüre hinaus. Die schöne Sara folgte ihm auf dem Fuße; hastig ergriff der Rabbi die Hand seines Weibes, eilig zog er sie fort, durch die dunkelen Gassen Bacherachs, eilig zum Thor hinaus, auf die Landstraße, die, den Rhein entlang, nach Bingen führt.

Es war eine jener Frühlingsnächte, die zwar lau genug und hellgestirnt sind, aber doch die Seele mit seltsamen Schauern erfüllen. Leichenhaft dufteten die Blumen; schadenfroh und zugleich selbstbeängstigt zwitscherten die Vögel; der Mond warf heimtückisch gelbe Streiflichter über den dunkel hinmurmelnden Strom; die hohen Felsenmassen des Ufers schienen bedrohlich wackelnde Riesenhäupter; der Thurmwächter auf Burg-Stahleck blies eine melancholische Weise; und dazwischen läutete, eifrig gellend, das Sterbeglöckchen der Sankt-Wernerskirche. Die schöne Sara trug in der rechten Hand das silberne Waschbecken, ihre linke hielt der Rabbi noch immer gefaßt, und sie fühlte wie seine Finger eiskalt waren und wie sein Arm zitterte; aber sie folgte schweigend, vielleicht weil sie von jeher gewohnt, ihrem Manne blindlings und fragenlos zu gehorchen, vielleicht auch weil ihre Lippen vor innerer Angst verschlossen waren.

Unterhalb der Burg Sonneck, Lorch gegenüber, ungefähr wo jetzt das Dörfchen Niederheimbach liegt, erhebt sich eine Felsenplatte, die bogenartig über das Rheinufer hinaushängt. Diese erstieg Rabbi Abraham mit seinem Weibe, schaute sich um nach allen Seiten, und starrte hinauf nach den Sternen. Zitternd und von Todesängsten durchfröstelt stand neben ihm die schöne Sara, und betrachtete sein blasses Gesicht, das der Mond gespenstisch beleuchtete, und worauf es hin und herzuckte, wie Schmerz, Furcht, Andacht und Wuth. Als aber der Rabbi plötzlich das silberne Waschbecken ihr aus der Hand riß und es schollernd hinabwarf in den Rhein: da konnte sie das grausenhafte Angstgefühl nicht länger ertragen, und mit dem Ausrufe »Schaddai voller Genade!« stürzte sie zu den Füßen des Mannes und beschwor ihn das dunkle Räthsel endlich zu enthüllen.

Der Rabbi, des Sprechens ohnmächtig, bewegte mehrmals lautlos die Lippen, und endlich rief er: »Siehst du den Engel des Todes? Dort unten schwebt er über Bacherach! Wir aber sind seinem Schwerte entronnen. Gelobt sey der Herr!« Und mit einer Stimme, die noch vor innerem Entsetzen bebte, erzählte er: wie er wohlgemuth die Agade hinsingend und angelehnt saß, und zufällig unter den Tisch schaute, habe er dort, zu seinen Füßen, den blutigen Leichnam eines Kindes erblickt. »Da merkte ich« – setzte der Rabbi hinzu – »daß unsre zwey späte Gäste nicht von der Gemeinde Israels waren, sondern von der Versammlung der Gottlosen, die sich berathen hatten jenen Leichnam heimlich in unser Haus zu schaffen, um uns des Kindermordes zu beschuldigen, und das Volk aufzureitzen uns zu plündern und zu ermorden. Ich durfte nicht merken lassen, daß ich das Werk der Finsterniß durchschaut; ich hätte dadurch nur mein Verderben beschleunigt, und nur die List hat uns beide gerettet. Gelobt sey der Herr! Aengstige dich nicht, schöne Sara; auch unsre Freunde und Verwandte werden gerettet seyn. Nur nach meinem Blute lechzten die Ruchlosen; ich bin ihnen entronnen und sie begnügen sich mit meinem Silber und Golde. Komm mit mir, schöne Sara, nach einem anderen Lande, wir wollen das Unglück hinter uns lassen, und damit uns das Unglück nicht verfolge, habe ich ihm das Letzte meiner Habe, das silberne Becken, zur Versöhnung hingeworfen. Der Gott unserer Väter wird uns nicht verlassen. – Komm herab, du bist müde; dort unten steht bey seinem Kahne der stille Wilhelm; er fährt uns den Rhein hinauf.«

Lautlos und wie mit gebrochenen Gliedern war die schöne Sara in die Arme des Rabbi hingesunken, und langsam trug er sie hinab nach dem Ufer. Hier stand der stille Wilhelm, ein taubstummer aber bildschöner Knabe, der zum Unterhalt seiner alten Pflegemutter, einer Nachbarinn des Rabbi, den Fischfang trieb und hier seinen Kahn angelegt hatte. Es war aber als erriethe er schon gleich die Absicht des Rabbi, ja es schien als habe er eben auf ihn gewartet, um seine geschlossenen Lippen zog sich das lieblichste Mitleid, bedeutungstief ruhten seine großen blauen Augen auf der schönen Sara, und sorgsam trug er sie in den Kahn.

Der Blick des stummen Knaben weckte die schöne Sara aus ihrer Betäubung, sie fühlte auf einmahl daß Alles was ihr Mann ihr erzählt, kein bloßer Traum sey, und Ströme bitterer Thränen ergossen sich über ihre Wangen, die jetzt so weiß wie ihr Gewand. Da saß sie nun in der Mitte des Kahns, ein weinendes Marmorbild, neben ihr saßen ihr Mann und der stille Wilhelm, welche emsig ruderten.

Sey es nun durch den einförmigen Ruderschlag, oder durch das Schaukeln des Fahrzeugs, oder durch den Duft jener Bergesufer, worauf die Freude wächst, immer geschieht es, daß auch der Betrübteste seltsam beruhigt wird, wenn er in der Frühlingsnacht, in einem leichten Kahne leicht dahin fährt auf dem lieben, klaren Rheinstrom. Wahrlich, der alte, gutherzige Vater Rhein kann's nicht leiden wenn seine Kinder weinen; thränenstillend wiegt er sie auf seinen treuen Armen, und erzählt ihnen seine schönsten Mährchen und verspricht ihnen seine goldigsten Schätze, vielleicht gar den uralt versunkenen Niblungshort. Auch die Thränen der schönen Sara flossen immer milder und milder, ihre gewaltigsten Schmerzen wurden fortgespielt von den flüsternden Wellen, die Nacht verlor ihr finstres Grauen, und die heimathlichen Berge grüßten wie zum zärtlichsten Lebewohl. Vor allen aber grüßte traulich ihr Lieblingsberg, der Kedrich, und in seiner seltsamen Mondbeleuchtung schien es, als stände wieder oben ein Fräulein mit ängstlich ausgestreckten Armen, als kröchen die flinken Zwerglein wimmelnd aus ihren Felsenspalten, und als käme ein Reuter den Berg hinaufgesprengt in vollem Gallop; – und der schönen Sara war es zu Muthe, als sey sie wieder ein kleines Mädchen und säße wieder auf dem Schooße ihrer Muhme aus Lorch, und diese erzähle ihr die hübsche Geschichte von dem kecken Reuter der das arme, von den Zwergen geraubte Fräulein befreite, und noch andre wahre Geschichten, vom wunderlichen Wisperthale drüben, wo die Vögel ganz vernünftig sprechen, und vom Pfefferkuchenland, wohin die folgsamen Kinder kommen, und von verwünschten Prinzessinnen, singenden Bäumen, gläsernen Schlössern, goldenen Brücken, lachenden Nixen … Aber zwischen all diesen hübschen Mährchen, die klingend und leuchtend zu leben begannen, hörte die schöne Sara die Stimme ihres Vaters, der ärgerlich die arme Muhme ausschalt, daß sie dem Kinde so viel Thorheiten in den Kopf schwatze! Alsbald kams ihr vor, als setzte man sie auf das kleine Bänkchen, vor dem Sammetsessel ihres Vaters, der mit weicher Hand ihr langes Haar streichelte, gar vergnügt mit den Augen lachte, und sich behaglich hin und her wiegte in seinem weiten blauseidenen Sabbathschlafrock … Es mußte wohl Sabbath seyn, denn die geblümte Decke war über den Tisch gespreitet, alle Geräthe im Zimmer leucheten spiegelblank gescheuert, der weißbärtige Gemeindediener saß an der Seite des Vaters und kaute Rosinen und sprach Hebräisch, auch der kleine Abraham kam herein mit einem allmächtig großen Buche, und bat bescheidentlich seinen Oheim um die Erlaubniß einen Abschnitt der heiligen Schrift erklären zu dürfen, damit der Oheim sich selber überzeuge, daß er in der verflossenen Woche viel gelernt habe und viel Lob und Kuchen verdiene … Nun legte der kleine Bursche das Buch auf die breite Armlehne des Sessels, und erklärte die Geschichte von Jakob und Rahel, wie Jakob seine Stimme erhoben und laut geweint, als er sein Mühmchen Rahel zuerst erblickte, wie er so traulich am Brunnen mit ihr gesprochen, wie er sieben Jahr um Rahel dienen mußte, und wie sie ihm so schnell verflossen, und wie er die Rahel geheurathet und immer und immer geliebt hat … Auf einmahl erinnerte sich auch die schöne Sara, daß ihr Vater damals mit lustigem Tone ausrief: »willst du nicht eben so dein Mühmchen Sara heurathen?« worauf der kleine Abraham ernsthaft antwortete: »das will ich, und sie soll sieben Jahr warten.« Dämmernd zogen diese Bilder durch die Seele der schönen Frau, sie sah wie sie und ihr kleiner Vetter, der jetzt so groß und ihr Mann geworden, kindisch mit einander in der Lauberhütte spielten, wie sie sich dort ergötzten an den bunten Tapeten, Blumen, Spiegeln und vergoldeten Aepfeln, wie der kleine Abraham immer zärtlich mit ihr koste, bis er allmählig größer und mürrisch wurde, und endlich ganz groß und ganz mürrisch … Und endlich sitzt sie zu Hause allein in ihrer Kammer eines Samstags Abend, der Mond scheint hell durchs Fenster, und die Thür fliegt auf, und hastig stürmt herein ihr Vetter Abraham, in Reisekleidern und blaß wie der Tod, und er greift ihre Hand, steckt einen goldnen Ring an ihren Finger und spricht feyerlich: »ich nehme dich hiermit zu meinem Weibe nach den Gesetzen von Moses und Israel!« »Jetzt aber« – setzt er bebend hinzu – »jetzt muß ich fort nach Spanien. Lebewohl, sieben Jahr sollst du auf mich warten!« Und er stürzt fort, und weinend erzählt die schöne Sara das alles ihrem Vater … Der tobt und wüthet »schneid ab dein Haar, denn du bist ein verheurathetes Weib!« – und er will dem Abraham nachreuten um einen Scheidebrief von ihm zu erzwingen; – aber der ist schon über alle Berge, der Vater kehrt schweigend nach Haus zurück, und wie die schöne Sara ihm die Reitstiefel ausziehen hilft und besänftigend äußert daß der Abraham nach sieben Jahr zurückkehre, da flucht der Vater: »sieben Jahr sollt ihr betteln gehn!« und bald stirbt er.

So zogen der schönen Sara die alten Geschichten durch den Sinn, wie ein hastiges Schattenspiel; die Bilder vermischten sich auch wunderlich, und zwischendurch schauten halb bekannte, halb fremde bärtige Gesichter und große Blumen mit fabelhaft breitem Blattwerk. Es war auch als murmelte der Rhein die Melodien der Agade, und die Bilder derselben stiegen daraus hervor, lebensgroß und verzerrt, tolle Bilder: der Erzvater Abraham zerschlägt ängstlich die Götzengestalten, die sich immer hastig wieder von selbst zusammensetzen; der Mitzri wehrt sich furchtbar gegen den ergrimmten Moses; der Berg Sinai blitzt und flammt; der König Pharao schwimmt im rothen Meere, mit den Zähnen im Maule die zackige Goldkrone festhaltend; Frösche mit Menschenantlitz schwimmen hintendrein, und die Wellen schäumen und brausen, und eine dunkle Riesenhand taucht drohend daraus hervor.

Das war Hattos Mäusethurm und der Kahn schoß eben durch den Binger Strudel. Die schöne Sara ward dadurch etwas aus ihren Träumereyen gerüttelt, und schaute nach den Bergen des Ufers, auf deren Spitzen die Schloßlichter flimmerten, und an deren Fuß die mondbeleuchteten Nachtnebel sich hinzogen. Plötzlich aber glaubte sie dort ihre Freunde und Verwandte zu sehen, wie sie mit Leichengesichtern und in weißwallenden Todtenhemden schreckenhastig vorüberliefen, den Rhein entlang ... es ward ihr schwarz vor den Augen, ein Eisstrom ergoß sich in ihre Seele, und wie im Schlafe hörte sie nur noch, daß ihr der Rabbi das Nachtgebeth vorbetete, langsam ängstlich, wie es bey todtkranken Leuten geschieht, und träumerisch stammelte sie nach die Worte: »Zehntausend zur Rechten, zehntausend zur Linken; den König zu schützen vor nächtlichem Grauen ...«

Da verzog sich plötzlich all das eindringende Dunkel und Grausen, der düstre Vorhang ward vom Himmel fortgerissen, es zeigte sich oben die heilige Stadt Jerusalem, mit ihren Thürmen und Thoren; in goldner Pracht leuchtete der Tempel; auf dem Vorhofe desselben erblickte die schöne Sara ihren Vater, in seinem gelben Sabbathschlafrock und vergnügt mit den Augen lachend; aus den runden Tempelfenstern grüßten fröhlich alle ihre Freunde und Verwandte; im Allerheiligsten kniete der fromme König David, mit Purpurmantel und funklender Krone, und lieblich ertönte sein Gesang und Saitenspiel, – und seelig lächelnd entschlief die schöne Sara.

ZWEITES CAPITEL.

Als die schöne Sara die Augen aufschlug, ward sie fast geblendet von den Stralen der Sonne. Die hohen Thürme einer großen Stadt erhoben sich, und der stumme Wilhelm stand mit der Hakenstange aufrecht im Kahne und leitete denselben durch das lustige Gewühl vieler buntbewimpelten Schiffe, deren Mannschaft entweder müßig hinabschaute auf die Vorbeyfahrenden oder vielhändig beschäftigt war mit dem Ausladen von Kisten, Ballen und Fässern, die auf kleineren Fahrzeugen ans Land gebracht wurden; wobey ein betäubender Lerm, das beständige Hallorufen der Barkenführer, das Geschrey der Kaufleute vom Ufer her, und das Keifen der Zöllner, die, in ihren rothen Röcken, mit weißen Stäbchen und weißen Gesichtern, von Schiff zu Schiff hüpften.

»Ja, schöne Sara« – sagte der Rabbi zu seiner Frau, heiter lächelnd – »das ist hier die weltberühmte freye Reichs- und Handelstadt Frankfurt am Mayn, und das ist eben der Maynfluß worauf wir jetzt fahren. Da drüben die lachenden Häuser, umgeben von grünen Hügeln, das ist das Sachsenhausen, woher uns der lahme Gumpertz, zur Zeit des Lauberhüttenfestes, die schönen Myrthen holt. Hier siehst du auch die starke Maynbrücke mit ihren dreyzehn Bögen, und gar viel Volk, Wagen und Pferde, geht sicher darüber hin und in der Mitte steht das Häuschen wovon die Mühmele Täubchen erzählt hat, daß ein getaufter Jude darin wohnt, der jedem, der ihm eine todte Ratte bringt, sechs Heller auszahlt für Rechnung der jüdischen Gemeinde, die dem Stadtrathe jährlich fünftausend Rattenschwänze abliefern soll!«

Ueber diesen Krieg, den die frankfurter Juden mit den Ratten zu führen haben, mußte die schöne Sara laut lachen; das klare Sonnenlicht und die neue bunte Welt, die vor ihr auftauchte, hatte alles Grauen und Entsetzen der vorigen Nacht aus ihrer Seele verscheucht, und als sie, aus dem landenden Kahne, von ihrem Manne und dem stummen Wilhelm aufs Ufer gehoben worden, fühlte sie sich wie durchdrungen von freudiger Sicherheit. Der stumme Wilhelm aber, mit seinen schönen, tiefblauen Augen, sah ihr lange ins Gesicht, halb schmerzlich, halb heiter, dann warf er noch einen bedeutenden Blick nach dem Rabbi, sprang zurück in seinen Kahn, und bald war er damit verschwunden.

»Der stumme Wilhelm hat doch viele Aehnlichkeit mit meinem verstorbenen Bruder« – bemerkte die schöne Sara. »Die Engel sehen sich alle ähnlich« – erwiederte leichthin der Rabbi, und sein Weib bey der Hand ergreifend, führte er sie durch das Menschengewimmel des Ufers, wo jetzt, weil es die Zeit der Ostermesse, eine Menge hölzerner Krambuden aufgebaut standen. Als sie, durch das dunkle Maynthor, in die Stadt gelangten, fanden sie nicht minder lermigen Verkehr. Hier, in einer engen Straße, erhob sich ein Kaufmannsladen neben dem andern, und die Häuser, wie überall in Frankfurt waren ganz besonders zum Handel eingerichtet: im Erdgeschosse keine Fenster, sondern lauter offne Bogenthüren, so daß man tief hineinschauen und jeder Vorübergehende die ausgestellten Waaren deutlich betrachten konnte. Wie staunte die schöne Sara ob der Masse kostbarer Sachen und ihrer niegesehenen Pracht! Da standen Venezianer, die allen Luxus des Morgenlands und Italiens feil boten, und die schöne Sara war wie festgebannt beim Anblick der aufgeschichteten Putzsachen und Kleinodien, der bunten Mützen und Mieder, der güldnen Armspangen und Halsbänder, des ganzen Flitterkrams, das die Frauen sehr gern bewundern und womit sie sich noch lieber schmücken. Die reichgestickten Sammt- und Seidenstoffe schienen mit der schönen Sara sprechen und ihr allerley Wunderliches ins Gedächtniß zurückfunkeln zu wollen, und es war ihr wirklich zu Muthe, als wäre sie wieder ein kleines Mädchen und Mühmele Täubchen habe ihr Versprechen erfüllt und sie nach der frankfurter Messe geführt und jetzt eben stehe sie vor den hübschen Kleidern wovon ihr so viel erzählt worden. Mit heimlicher Freude überlegte sie schon was sie nach Bacherach mitbringen wolle, welchem von ihren beiden Bäschen, dem kleinen Blümchen oder dem kleinen Vögelchen, der blauseidne Gürtel am besten gefallen würde, ob auch die grünen Höschen dem kleinen Gottschalk passen mögen, – doch plötzlich sagte sie zu sich selber: ach Gott! die sind ja unterdessen großgewachsen und gestern umgebracht worden! Sie schrak heftig zusammen und die Bilder der Nacht wollten schon mit all ihrem Entsetzen wieder in ihr aufsteigen; doch die goldgestickten Kleider blinzelten nach ihr wie mit tausend Schelmenaugen, und redeten ihr alles Dunkle aus dem Sinn, und wie sie hinaufsah nach dem Antlitz ihres Mannes, so war dieses unumwölkt, und trug seine gewöhnliche ernste Milde. »Mach die Augen zu, schöne Sara« – sagte der Rabbi und führte seine Frau weiter durch das Menschengedränge.

Welch ein buntes Treiben! Zumeist waren es Handelsleute,

die laut mit einander feilschten, oder auch mit sich selber sprechend an den Fingern rechneten, oder auch von einigen hochbepackten Markthelfern, die im kurzen Hundetrapp hinter ihnen herliefen, ihre Einkäufe nach der Heerberge schleppen ließen. Andre Gesichter ließen merken, daß bloß die Neugier sie herbeygezogen. Am rothen Mantel und der goldnen Halskette erkannte man den breiten Rathsherrn. Das schwarze, wohlhabend bauschichte Wams verrieth den ehrsam stolzen Altbürger. Die eiserne Pickelhaube, das gelblederne Wams und die klirrenden Pfundsporen verkündigten den schweren Reutersknecht. Unterm schwarzen Sammethäubchen, das in einer Spitze auf der Stirne zusammenlief, barg sich ein rosiges Mädchengesicht, und die jungen Gesellen, die gleich witternden Jagdhunden hinterdrein sprangen, zeigten sich als vollkommene Stutzer durch ihre keckbefiederten Barette, ihre klingelnden Schnabelschuhe und ihre seidnen Kleider von getheilter Farbe, wo die rechte Seite grün, die linke Seite roth, oder die eine regenbogenartig gestreift, die andre buntscheckig gewürfelt war, so daß die närrischen Burschen aussahen als wären sie in der Mitte gespalten. Von der Menschenströmung fortgezogen, gelangte der Rabbi mit seinem Weibe nach dem Römer. Dieses ist der große mit hohen Giebelhäusern umgebene Marktplatz der Stadt, seinen Namen führend von einem ungeheuren Hause, das Zum-Römer hieß und vom Magistrate angekauft und zu einem Rathhause geweiht wurde. In diesem Gebäude wählte man Deutschlands Kaiser und vor demselben wurden oft edle Ritterspiele gehalten. Der König Maximilian, der dergleichen leidenschaftlich liebte, war damals in Frankfurt anwesend, und Tags zuvor hatte man ihm zu Ehren vor dem Römer ein großes Stechen veranstaltet. An den hölzernen Schranken, die jetzt von den Zimmerleuten abgebrochen wurden, standen noch viele Müßiggänger und erzählten sich wie gestern der Herzog von Braunschweig und der Markgraf von Brandenburg unter Pauken- und Trompetenschall gegen einander gerannt, wie Herr Walter der Lump den Bärenritter so gewaltig aus dem Sattel gestoßen, daß die Lanzensplitter in die Luft flogen, und wie der lange blonde König Max, im Kreise seines Hofgesindes, auf dem Balkone stand und sich vor Freude die Hände rieb. Die Decken von goldnen Stoffen lagen noch auf der Lehne des Balkons und der spitzbögigen Rathhausfenster. Auch die übrigen Häuser des Marktplatzes waren noch festlich geschmückt und mit Wappenschilden verziert, besonders das Haus Limburg, auf dessen Banner eine Jungfrau gemalt war, die einen Sperber auf der Hand trägt wärend ihr ein Affe einen Spiegel vorhält. Auf dem Balkone dieses Hauses standen viele Ritter und Damen, in lächelnder Unterhaltung, hinabblickend auf das Volk, das unten in tollen Gruppen und Aufzügen hin und her wogte. Welche Menge Müßiggänger von jedem Stande und Alter drängte sich hier, um ihre Schaulust zu befriedigen! Hier wurde gelacht, gegreint, gestolen, in die Lenden gekniffen, gejubelt, und zwischendrein schmetterte gellend die Trompete des Arztes, der im rothen Mantel, mit seinem Hanswurst und Affen, auf einem hohen Gerüste stand, seine eigne Kunstfertigkeit recht eigentlich ausposaunte, seine Tinkturen und Wundersalben anpries, oder ernsthaft das Uringlas betrachtete, das ihm irgend ein altes Weib vorhielt, oder sich anschickte einem armen Bauer den Backzahn auszureißen. Zwey Fechtmeister, in bunten Bändern einherflatternd, ihre Rappiere schwingend, begegneten sich hier wie zufällig und stießen mit Scheinzorn auf einander; nach langem Gefechte erklärten sie sich wechselseitig für unüberwindlich und sammelten einige Pfennige. Mit Trommler und Pfeifer marschierte jetzt vorbey die neu errichtete Schützengilde. Hierauf folgte angeführt von dem Stöcker, der eine rothe Fahne trug, ein Rudel fahrender Fräulein, die aus dem Frauenhause »zum Esel« von

Würzburg herkamen, und nach dem Rosenthale hinzogen, wo die hochlöbliche Obrigkeit ihnen für die Meßzeit ihr Quartier angewiesen. »Mach die Augen zu, schöne Sara!« – sagte der Rabbi. Denn jene phantastisch und allzu knapp bekleideten Weibsbilder, worunter einige sehr hübsche, gebehrdeten auf die unzüchtigste Weise, entblößten ihren weißen, frechen Busen, neckten die Vorübergehenden mit schamlosen Worten, schwangen ihre langen Wanderstöcke, und indem sie auf letzteren, wie auf Steckenpferden, die Sankt-Katharinen-Pforte hinabritten, sangen sie mit gellender Stimme das Hexenlied:

>»Wo ist der Bock, das Höllenthier?
>Wo ist der Bock? Und fehlt der Bock,
>So reiten wir, so reiten wir,
>So reiten wir auf dem Stock!«

Dieser Singsang, den man noch in der Ferne hören konnte, verlor sich am Ende in den kirchlich langgezogenen Tönen einer herannahenden Prozession. Das war ein trauriger Zug von kahlköpfigen und baarfüßigen Mönchen, welche brennende Wachslichter, oder Fahnen mit Heilgenbildern, oder auch große silberne Kruzifixe trugen. An ihrer Spitze gingen roth- und weißgeröckte Knaben mit dampfenden Weihrauchkesseln. In der Mitte des Zuges, unter einem prächtigen Baldachin, sah man Geistliche in weißen Chorhemden von kostbaren Spitzen oder in buntseidnen Stolen, und einer derselben trug in der Hand ein sonnenartig goldnes Gefäß, das er, bey einer Heiligennische der Marktecke anlangend, hoch emporhob, während er lateinische Worte halb rief, halb sang … Zugleich erklingelte ein kleines Glöckchen und alles Volk ringsum verstummte, fiel auf die Knie und bekreuzte sich. Der Rabbi aber sprach zu seinem Weibe: »mach die Augen zu, schöne Sara!« – und hastig zog er sie von hinnen, nach einem schmalen Nebengäßchen, durch ein Labyrinth von engen und krummen

Straßen, und endlich über den unbewohnten, wüsten Platz, der das neue Judenquartier von der übrigen Stadt trennte.

Vor jener Zeit wohnten die Juden zwischen dem Dom und dem Maynufer, nemlich von der Brücke bis zum Lumpenbrunnen und von der Mehlwage bis zu Sankt Bartholomäi. Aber die katholischen Priester erlangten eine päbstliche Bulle, die den Juden verwehrte in solcher Nähe der Hauptkirche zu wohnen, und der Magistrat gab ihnen einen Platz auf dem Wollgraben, wo sie das heutige Judenquartier erbauten. Dieses war mit starken Mauern versehen, auch mit eisernen Ketten vor den Thoren, um sie gegen Pöbelandrang zu sperren. Denn hier lebten die Juden ebenfalls in Druck und Angst, und mehr als heut zu Tage in der Erinnerung früherer Nöthen. Im Jahr 1240 hatte das entzügelte Volk ein großes Blutbad unter ihnen angerichtet, welches man die erste Judenschlacht nannte, und im Jahr 1349, als die Geißler, bey ihrem Durchzuge die Stadt anzündeten und die Juden des Brandstiftens anklagten, wurden diese von dem aufgereizten Volke zum größten Theil ermordet oder sie fanden den Tod in den Flammen ihrer eignen Häuser, welches man die zweite Judenschlacht nannte. Später bedrohte man die Juden noch oft mit dergleichen Schlachten, und bey innern Unruhen Frankfurts, besonders bey einem Streite des Rathes mit den Zünften, stand der Christenpöbel oft im Begriff das Judenquartier zu stürmen. Letzteres hatte zwey Thore, die an katholischen Feyertagen von außen, an jüdischen Feyertagen von innen geschlossen wurden, und vor jedem Thor befand sich ein Wachthaus mit Stadtsoldaten.

Als der Rabbi mit seinem Weibe an das Thor des Judenquartiers gelangte, lagen die Landsknechte, wie man durch die offnen Fenster sehen konnte, auf der Pritsche ihrer Wachtstube, und draußen, vor der Thüre, im vollen Sonnenschein, saß der Trommelschläger und phantasierte auf seiner großen Trommel. Das war eine schwere, dicke Gestalt; Wams und

Hosen von feuergelbem Tuch, an Armen und Lenden weit
aufgepufft, und als wenn unzählige Menschenzungen daraus
hervorleckten, von oben bis unten besät mit kleinen einge-
nähten rothen Wülstchen; Brust und Rücken gepanzert mit
schwarzen Tuchpolstern, woran die Trommel hing; auf dem
Kopfe eine platte runde schwarze Kappe; das Gesicht eben so
platt und rund, auch orangengelb und mit rothen Schwärchen
gespickt, und verzogen zu einem gähnenden Lächeln. So saß
der Kerl und trommelte die Melodie des Liedes, das einst die
Geißler bey der Judenschlacht gesungen, und mit seinem rau-
hen Biertone gurgelte er die Worte:

>   »Unsre liebe Fraue,
>   Die ging im Morgenthaue,
>   Kyrie Eleison!«

»Hans, das ist eine schlechte Melodie« – rief eine Stimme
hinter dem verschlossenen Thore des Judenquartiers – »Hans,
auch ein schlecht Lied, paßt nicht für die Trommel, paßt gar
nicht, und bey Leibe nicht in der Messe und am Ostermorgen,
schlecht Lied, gefährlich Lied, Hans, Hänschen, klein Trom-
melhänschen, ich bin ein einzelner Mensch, und wenn du
mich lieb hast, wenn du den Stern lieb hast, den langen Stern,
den langen Nasenstern, so hör auf!«
Diese Worte wurden von dem ungesehenen Sprecher, theils
angstvoll hastig, theils aufseufzend langsam hervorgestoßen, in
einem Tone worin das ziehend Weiche und das heiser Harte
schroff abwechselte, wie man ihn bey Schwindsüchtigen findet. Der Trommelschläger blieb unbewegt, und in der vorigen Melodie forttrommelnd sang er weiter:

>   »Da kam ein kleiner Junge,
>   Sein Bart war ihm entsprungen,
>   Haleluja!«

»Hans« – rief wieder die Stimme des obenerwähnten Spre-
chers – »Hans, ich bin ein einzelner Mensch, und es ist ein
gefährlich Lied, und ich hör es nicht gern, und ich hab meine
Gründe, und wenn du mich lieb hast, singst du was anders,
und morgen trinken wir …«

Bey dem Wort »Trinken« hielt der Hans inne mit seinem
Trommeln und Singen, und biedern Tones sprach er: »Der
Teufel hole die Juden, aber du, lieber Nasenstern bist mein
Freund, ich beschütz dich, und wenn wir noch oft zusam-
men trinken werde ich dich auch bekehren. Ich will dein Pa-
the seyn wenn du getauft wirst, wirst du selig, und wenn du
Genie hast und fleißig bey mir lernst, kannst du sogar noch
Trommelschläger werden. Ja, Nasenstern, du kannst es noch
weit bringen, ich will dir den ganzen Katechismus vortrom-
meln, wenn wir morgen zusammen trinken – aber jetzt mach'
mahl das Thor auf, da stehen zwey Fremde und begehren
Einlaß.«

»Das Thor auf?« – schrie der Nasenstern und die Stimme
versagte ihm fast. »Das geht nicht so schnell lieber Hans, man
kann nicht wissen, man kann gar nicht wissen, und ich bin
ein einzelner Mensch. Der Veitel Rindskopf hat den Schlüssel
und steht jetzt still in der Ecke und brümmelt sein Achtzehn-
Gebeth; da darf man sich nicht unterbrechen lassen. Jäkel der
Narr ist auch hier, aber er schlägt jetzt sein Wasser ab. Ich bin
ein einzelner Mensch!«

»Der Teufel hole die Juden!« – rief der Trommelhans, und
über diesen eignen Witz laut lachend, trollte er sich nach der
Wachtstube und legte sich ebenfalls auf die Pritsche.

Während nun der Rabbi mit seinem Weibe jetzt ganz allein vor dem großen verschlossenen Thore stand, erhub sich
hinter demselben eine schnarrende, näselnde, etwas spöttisch
gezogene Stimme: »Sternchen, dröhnle nicht so lange, nimm
die Schlüssel aus Rindsköpfchens Rocktasche, oder nimm dei-

ne Nase, und schließe damit das Thor auf. Die Leute stehen schon lange und warten.«

»Die Leute?« – schrie ängstlich die Stimme des Mannes, den man den Nasenstern nannte – »ich glaubte es wäre nur Einer, und ich bitte dich, Narr, lieber Jäkel Narr, guck mahl heraus wer da ist?«

Da öffnete sich im Thore ein kleines, wohlvergittertes Fensterlein, und zum Vorschein kam eine gelbe, zweyhörnige Mütze und darunter das drollig verschnörkelte Lustigmachergesicht Jäkels des Narren. In demselben Augenblicke schloß sich wieder die Fensterlucke und ärgerlich schnarrte es: »Mach auf, mach auf, draußen ist nur ein Mann und ein Weib.«

»Ein Mann und ein Weib!« – ächzte der Nasenstern. – »Und wenn das Thor aufgemacht wird, wirft das Weib den Rock ab und es ist auch ein Mann, und es sind dann zwey Männer, und wir sind nur unserer Drey!«

»Sey kein Hase« – erwiederte Jäkel der Narr – »und sey herzhaft und zeige Courage.«

»Courage!« – rief der Nasenstern und lachte mit verdrießlicher Bitterkeit – »Hase! Hase ist ein schlechter Vergleich, Hase ist ein unreines Thier. Courage! Man hat mich nicht der Courage wegen hierhergestellt, sondern der Vorsicht halber. Wenn zu viele kommen soll ich schreyen. Aber ich selbst kann sie nicht zurückhalten. Mein Arm ist schwach, ich trage eine Fontenelle und ich bin ein einzelner Mensch. Wenn man auf mich schießt bin ich todt. Dann sitzt der reiche Mendel Reiß am Sabbath bey Tische, und wischt sich vom Maul die Rosinensauce, und streichelt sich den Bauch, und sagt vielleicht: das lange Nasensternchen war doch ein bravs Kerlchen, wär Es nicht gewesen, so hätten sie das Thor gesprengt, Es hat sich doch für uns todt schießen lassen, Es war ein bravs Kerlchen, Schade daß Es todt ist –«

Die Stimme wurde hier allmählig weich und weinerlich,

aber plötzlich schlug sie über in einen hastigen, fast erbitterten Ton: »Courage! Und damit der reiche Mendel Reiß sich die Rosinensauce vom Maul abwischen, und sich den Bauch streicheln, und mich bravs Kerlchen nennen möge, soll ich mich todtschießen lassen? Courage! Herzhaft! Der kleine Strauß war herzhaftig, und hat gestern auf dem Römer dem Stechen zugesehen, und hat geglaubt man kennte ihn nicht, weil er einen violetten Rock trug, von Sammt, drey Gulden die Elle, mit Fuchsschwänzchen, ganz goldgestickt, ganz prächtig – und sie haben ihm den violetten Rock so lange geklopft bis er abfärbte und auch sein Rücken violett geworden ist und nicht mehr menschenähnlich sieht. Courage! Der krumme Leser war herzhaftig, nannte unseren lumpigen Schultheiß einen Lump, und sie haben ihn an den Füßen aufgehängt, zwischen zwey Hunden, und der Trommelhans trommelte. Courage! Sey kein Hase! Unter den vielen Hunden ist der Hase verloren, ich bin ein einzelner Mensch, und ich habe wirklich Furcht!«

»Schwör' mahl!« – rief Jäkel der Narr.

»Ich habe wirklich Furcht!« – wiederholte seufzend der Nasenstern – »ich weiß die Furcht liegt im Geblüt und ich habe es von meiner seligen Mutter –«

»Ja, ja!« – unterbrach ihn Jäkel der Narr – »und deine Mutter hatte es von ihrem Vater, und der hatte es wieder von dem seinigen, und so hatten es deine Vorältern einer vom andern, bis auf deinen Stammvater, welcher unter König Saul gegen die Philister zu Felde zog und der erste war welcher Reißaus nahm. – Aber sieh mahl, Rindsköpfchen ist gleich fertig, er hat sich bereits zum viertenmal gebückt, schon hüpft er wie ein Floh bey dem dreymaligen Worte Heilig, und jetzt greift er vorsichtig in die Tasche ...«

In der That, die Schlüssel rasselten, knarrend öffnete sich ein Flügel des Thores, und der Rabbi und sein Weib traten in die ganz menschenleere Judengasse. Der Aufschließer aber, ein

kleiner Mann mit gutmüthig sauerm Gesichte, nickte träumerisch wie einer, der in seinen Gedanken nicht gern gestört seyn
möchte, und nachdem er das Thor wieder sorgsam verschlossen, schlappte er, ohne ein Wort zu reden, nach einem Winkel
hinter dem Thore, beständig Gebethe vor sich hinmurmelnd.
Minder schweigsam war Jäkel der Narr, ein untersetzter, etwas
krummbeinigter Gesell, mit einem lachend vollrothen Antlitz
und einer unmenschlich großen Fleischhand, die er, aus den
weiten Aermeln seiner buntschäckigen Jacke, zum Willkomm
hervorstreckte. Hinter ihm zeigte oder vielmehr barg sich eine
lange, magere Gestalt, der schmale Hals weißbefiedert von einer feinen batistnen Krause, und das dünne, blasse Gesicht gar
wundersam geziert mit einer fast unglaublich langen Nase, die
sich neugierig angstvoll hin und her bewegte.

»Gott willkommen! Zum guten Festtag!« – rief Jäkel der
Narr – »Wundert Euch nicht daß jetzt die Gasse so leer und
still ist. Alle unsere Leute sind jetzt in der Synagoge und Ihr
kommt eben zur rechten Zeit um dort die Geschichte von der
Opferung Isaaks vorlesen zu hören. Ich kenne sie, es ist eine
interessante Geschichte, und wenn ich sie nicht schon drey
und dreyzig mahl angehört hätte, so würde ich sie gern dies
Jahr noch einmal hören. Und es ist eine wichtige Geschichte,
denn wenn Abraham den Isaak wirklich geschlachtet hätte,
und nicht den Ziegenbock, so wären jetzt mehr Ziegenböcke
und weniger Juden auf der Welt.« – Und mit wahnsinnig lu-
stiger Grimasse fing der Jäkel an folgendes Lied aus der Agade
zu singen:

>»Ein Böcklein, ein Böcklein, das gekauft Väterlein, er
>gab dafür zwey Suslein; ein Böcklein! ein Böcklein!
>
>Es kam ein Kätzlein, und aß das Böcklein, das
>gekauft Väterlein, er gab dafür zwey Suslein; ein
>Böcklein, ein Böcklein!

Es kam ein Hündlein, und biß das Kätzlein, das gefressen das Böcklein, das gekauft Väterlein, er gab dafür zwey Suslein; ein Böcklein, ein Böcklein!

Es kam ein Stöcklein und schlug das Hündlein, das gebissen das Kätzlein, das gefressen das Böcklein, das gekauft Väterlein, er gab dafür zwey Suslein; ein Böcklein, ein Böcklein!

Es kam ein Feuerlein und verbrannte das Stöcklein, das geschlagen das Hündlein, das gebissen das Kätzlein, das gefressen das Böcklein, das gekauft Väterlein, er gab dafür zwey Suslein; ein Böcklein, ein Böcklein!

Es kam ein Wässerlein und löschte das Feuerlein, das verbrannt das Stöcklein, das geschlagen das Hündlein, das gebissen das Kätzlein, das gefressen das Böcklein, das gekauft Väterlein, er gab dafür zwey Suslein; ein Böcklein, ein Böcklein!

Es kam ein Oechslein und soff das Wässerlein, das gelöscht das Feuerlein, das verbrannt das Stöcklein, das geschlagen das Hündlein, das gebissen das Kätzlein, das gefressen das Böcklein, das gekauft Väterlein, er gab dafür zwey Suslein; ein Böcklein, ein Böcklein!

Es kam ein Schlächterlein und schlachtete das Oechslein, das gesoffen das Wässerlein, das gelöscht das Feuerlein, das verbrannt das Stöcklein, das geschlagen das Hündlein, das gebissen das Kätzlein, das gefressen das Böcklein, das gekauft Väterlein, er gab dafür zwey Suslein; ein Böcklein, ein Böcklein!

Es kam ein Todesenglein und schlachtete das
Schlächterlein, das geschlachtet das Oechslein, das
gesoffen das Wässerlein, das gelöscht das Feuerlein,
das verbrannt das Stöcklein, das geschlagen das
Hündlein, das gebissen das Kätzlein, das gefressen das
Böcklein, das gekauft Väterlein, er gab dafür zwey
Suslein; ein Böcklein, ein Böcklein!«

»Ja, schöne Frau« – fügte der Sänger hinzu – »einst kommt
der Tag, wo der Engel des Todes den Schlächter schlachten
wird, und all unser Blut kommt über Edom; denn Gott ist ein
rächender Gott – – –«

Aber plötzlich den Ernst, der ihn unwillkührlich beschlichen,
gewaltsam abstreifend, stürzte sich Jäkel der Narr wieder in
seine Possenreißereyn und fuhr fort mit schnarrendem Lustig-
machertone: »Fürchtet Euch nicht, schöne Frau, der Nasenstern
thut Euch nichts zu Leid. Nur für die alte Schnapper-Elle ist
er gefährlich. Sie hat sich in seine Nase verliebt, aber die ver-
dient es auch. Sie ist schön wie der Thurm, der gen Damaskus
schaut und erhaben wie die Ceder des Libanons. Auswendig
glänzt sie wie Gimmgold und Syrob, und inwendig ist lauter
Musik und Lieblichkeit. Im Sommer blüht sie, im Winter ist
sie zugefroren, und Sommer und Winter wird sie gehätschelt
von Schnapper-Elles weißen Händen. Ja, die Schnapper-Elle
ist verliebt in ihn, ganz vernarrt. Sie pflegt ihn, sie füttert ihn,
und sobald er fett genug ist, wird sie ihn heurathen, und für ihr
Alter ist sie noch jung genug, und wer mal nach dreyhundert
Jahren hierher nach Frankfurt kömmt, wird den Himmel nicht
sehen können vor lauter Nasensternen!«

»Ihr seyd Jäkel der Narr« – rief lachend der Rabbi – »ich
merk es an Euren Worten. Ich habe oft von Euch sprechen
gehört.«

»Ja, ja« – erwiederte jener mit drolliger Bescheidenheit – »ja, ja, das macht der Ruhm. Man ist oft weit und breit für einen größern Narren bekannt als man selbst weiß. Doch ich gebe mir viele Mühe ein Narr zu seyn und springe und schüttle mich, damit die Schellen klingeln. Andre habens leichter … Aber sagt mir, Rabbi, warum reiset Ihr am Feyertage?«

»Meine Rechtfertigung« – versetzte der Befragte – »steht im Talmud, und es heißt: Gefahr vertreibt den Sabbath.«

»Gefahr!« – schrie plötzlich der lange Nasenstern und gebährdete sich wie in Todesangst – »Gefahr! Gefahr! Trommelhans trommel, trommle, Gefahr! Gefahr! Trommelhans …«

Draußen aber rief der Trommelhans mit seiner dicken Bierstimme: »Tausend Donner Sakrament! Der Teufel hole die Juden! Das ist schon das drittemal, daß du mich heute aus dem Schlafe weckst, Nasenstern! Mach mich nicht rasend! Wenn ich rase, werde ich wie der leibhaftige Satanas, und dann, so wahr ich ein Christ bin, dann schieße ich mit der Büchse durch die Gitterlucke des Thores, und dann hüte jeder seine Nase!«

»Schieß nicht! schieß nicht! ich bin ein einzelner Mensch« – wimmerte angstvoll der Nasenstern und drückte sein Gesicht fest an die nächste Mauer, und in dieser Stellung verharrte er zitternd und leise betend.

»Sagt, sagt, was ist passirt?« – rief jetzt auch Jäkel der Narr, mit all jener hastigen Neugier, die schon damals den frankfurter Juden eigenthümlich war.

Der Rabbi aber riß sich von ihm los und ging mit seinem Weibe weiter die Judengasse hinauf. »Sieh, schöne Sara« – sprach er seufzend – »wie schlecht geschützt ist Israel! Falsche Freunde hüten seine Thore von außen, und drinnen sind seine Hüter Narrheit und Furcht!«

Langsam wanderten die beiden durch die lange, leere Straße, wo nur hie und da ein blühender Mädchenkopf zum Fenster hinausguckte, während sich die Sonne in den blanken Scheiben festlich heiter bespiegelte. Damals nemlich waren die Häuser des Judenviertels noch neu und nett, auch niedriger wie jetzt, indem erst späterhin die Juden, als sie in Frankfurt sich sehr vermehrten und doch ihr Quartier nicht erweitern durften, dort immer ein Stockwerk über das andere bauten, sardellenartig zusammenrückten und dadurch an Leib und Seele verkrüppelten. Der Theil des Judenquartiers, der nach dem großen Brande stehen geblieben und den man die alte Gasse nennt, jene hohen schwarzen Häuser, wo ein grinsendes, feuchtes Volk umherschachert, ist ein schauderhaftes Denkmal des Mittelalters. Die ältere Synagoge existirt nicht mehr; sie war minder geräumig als die jetzige, die später erbaut wurde, nachdem die Nüremberger Vertriebenen in die Gemeinde aufgenommen worden. Sie lag nördlicher. Der Rabbi brauchte ihre Lage nicht erst zu erfragen. Schon aus der Ferne vernahm er die vielen, verworrenen und überaus lauten Stimmen. Im Hofe des Gotteshauses trennte er sich von seinem Weibe. Nachdem er an dem Brunnen, der dort steht, seine Hände gewaschen, trat er in jenen untern Theil der Synagoge, wo die Männer beten; die schöne Sara hingegen erstieg eine Treppe und gelangte oben nach der Abtheilung der Weiber.

Diese obere Abtheilung war eine Art Gallerte mit drey Reihen hölzerner, braunroth angestrichener Sitze, deren Lehne oben mit einem hängenden Brette versehen war, das, um das Gebetbuch darauf zu legen, sehr bequem aufgeklappt werden konnte. Die Frauen saßen hier schwatzend neben einander, oder standen aufrecht, inbrünstig betend; manchmal auch traten sie neugierig an das große Gitter, das sich längs der Morgenseite hinzog und durch dessen dünne grüne Latten man hinabschauen konnte in die untere Abtheilung der Synagoge. Dort, hinter hohen Betpulten, standen die Männer in ihren schwarzen Mänteln, die spitzen Bärte herabschießend über die weißen Halskrausen, und die plattbedeckelten Köpfe mehr oder minder verhüllt von einem viereckigen, mit den gesetzlichen Schaufäden versehenen Tuche, das aus weißer Wolle oder Seide bestand, mitunter auch mit goldnen Tressen geschmückt war. Die Wände der Synagoge waren ganz einförmig geweißt, und man sah dort keine andre Zierrath als etwa das vergüldete Eisengitter um die viereckige Bühne, wo die Gesetzabschnitte verlesen werden, und die heilige Lade, ein kostbar gearbeiteter Kasten, scheinbar getragen von marmornen Säulen mit üppigen Capitälern, deren Blumen- und Laubwerk gar lieblich emporrankte, und bedeckt mit einem Vorhang von kornblauem Sammet worauf mit Goldflittern, Perlen und bunten Steinen eine fromme Inschrift gestickt war. Hier hing die silberne Gedächtniß-Ampel und erhob sich ebenfalls eine vergitterte Bühne, auf deren Geländer sich allerley heilige Geräthe befanden, unter andern der siebenarmige Tempel-Leuchter, und vor demselben, das Antlitz gegen die Lade, stand der Vorsänger, dessen Gesang instrumentenartig begleitet wurde von den Stimmen seiner beiden Gehülfen, des Bassisten und des Diskantsingers. Die Juden haben nemlich alle wirkliche Instrumentalmusik aus ihrer Kirche verbannt, wähnend, daß der Lobgesang Gottes erbaulicher aufsteige aus der warmen Menschenbrust als aus kalten Orgelpfeifen. Recht kindlich freute sich die schöne Sara, als jetzt der Vorsänger, ein trefflicher Tenor, seine Stimme erhob und die uralten, ernsten Melodien, die sie so gut kannte, in noch nie geahndeter junger Lieblichkeit aufblüheten, während der Bassist, zum Gegensatze, die tiefen, dunkeln Töne hineinbrummte, und in den Zwischenpausen der Diskantsänger fein und süß trillerte. Solchen Gesang hatte die schöne Sara in der Synagoge von Bacherach niemals gehört, denn der Gemeindevorsteher, David Lewi, machte dort den Vorsänger, und wenn dieser schon bejahrte zitternde Mann, mit seiner zerbröckelten, meckernden Stimme wie ein junges Mädchen trillern wollte, und in solch gewaltsamer Anstrengung seinen schlaff herabhängenden Arm fieberhaft schüttelte, so reitzte dergleichen wohl mehr zum Lachen als zur Andacht.

Ein frommes Behagen, gemischt mit weiblicher Neugier, zog die schöne Sara ans Gitter, wo sie hinabschauen konnte in die untere Abtheilung, die sogenannte Männerschule. Sie hatte noch nie eine so große Anzahl Glaubensgenossen gesehen, wie sie da unten erblickte, und es ward ihr noch heimlich wohler ums Herz in der Mitte so vieler Menschen, die ihr so nahe verwandt durch gemeinschaftliche Abstammung, Denkweise und Leiden. Aber noch viel bewegter wurde die Seele des Weibes als drey alte Männer ehrfurchtsvoll vor die heilige Lade traten, den glänzenden Vorhang an die Seite schoben, den Kasten aufschlossen, und sorgsam jenes Buch herausnahmen, das Gott mit heilig eigner Hand geschrieben und für dessen Erhaltung die Juden so viel erduldet, so viel Elend und Haß, Schmach und Tod, ein tausendjähriges Martyrthum. Dieses Buch, eine große Pergamentrolle, war wie ein fürstliches Kind in einem buntgestickten Mäntelchen von rothem Sammet gehüllt; oben, auf den beiden Rollhölzern steckten zwey silberne Gehäuschen, worin allerley Granaten und Glöckchen sich zierlich bewegten und klingelten, und vorn, an silbernen Kettchen, hingen goldne Schilde mit bunten Edelsteinen. Der Vorsänger nahm das Buch, und als sey es ein wirkliches Kind, ein Kind um dessentwillen man große Schmerzen erlitten und das man nur desto mehr liebt, wiegte er es in seinen Armen, tänzelte damit hin und her, drückte es an seine Brust, und durchschauert von solcher Berührung, erhub er seine Stimme zu einem so jauchzend frommen Dankliede, daß es der schönen Sara bedünkte, als ob die Säulen der heiligen Lade zu blühen begönnen, und die wunderbaren Blumen und Blätter der Kapitäler immer höher hinaufwüchsen, und die Töne des Diskanten sich in lauter Nachtigallen verwandelten, und die

Wölbung der Synagoge gesprengt würde von den gewaltigen Tönen des Bassisten, und die Freudigkeit Gottes herabströmte aus dem blauen Himmel. Das war ein schöner Psalm. Die Gemeinde wiederholte chorartig die Schlußverse, und nach der erhöhten Bühne in der Mitte der Synagoge schritt langsam der Vorsänger mit dem heiligen Buche, während Männer und Knaben sich hastig hinzudrängten um die Sammethülle desselben zu küssen oder auch nur zu berühren. Auf der erwähnten Bühne zog man von dem heiligen Buche das sammtne Mäntelchen, so wie auch die mit bunten Buchstaben beschriebenen Windeln womit es umwickelt war, und aus der geöffneten Pergamentrolle, in jenem singenden Tone, der am Paschafest noch gar besonders modulirt wird, las der Vorsänger die erbauliche Geschichte von der Versuchung Abrahams.

Die schöne Sara war bescheiden vom Gitter zurückgewichen, und eine breite, putzbeladene Frau von mittlerem Alter und gar gespreizt wohlwollendem Wesen, hatte ihr, mit stummen Nicken, die Miteinsicht in ihrem Gebetbuche vergönnt. Diese Frau mochte wohl keine große Schriftgelehrtinn seyn; denn als sie die Gebethe murmelnd vor sich hinlas, wie die Weiber, da sie nicht laut mitsingen dürfen, zu thun pflegen, so bemerkte die schöne Sara, daß sie viele Worte allzusehr nach Gutdünken aussprach und manche gute Zeile ganz überschlupperte. Nach einer Weile aber hoben sich schmachtend langsam die wasserklaren Augen der guten Frau, ein flaches Lächeln glitt über das porzelanhaft roth und weiße Gesicht, und mit einem Tone, der so vornehm als möglich hinschmelzen wollte, sprach sie zur schönen Sara: »Er singt sehr gut. Aber ich habe doch in Holland noch viel besser singen hören. Sie sind fremd und wissen vielleicht nicht, daß es der Vorsänger aus Worms ist, und daß man ihn hier behalten will wenn er mit jährlichen vierhundert Gulden zufrieden. Es ist ein lieber Mann und seine Hände sind wie Alabaster. Ich halte viel von einer schönen Hand. Eine schöne Hand ziert den ganzen Menschen!« – Dabey legte die gute Frau selbstgefällig ihre Hand, die wirklich noch schön war, auf die Lehne des Betpultes, und mit einer graziösen Beugung des Hauptes andeutend, daß sie sich im Sprechen nicht gern unterbrechen lasse, setzte sie hinzu: »Das Singerchen ist noch ein Kind und sieht sehr abgezehrt aus. Der Baß ist gar zu häßlich und unser Stern hat mahl sehr witzig gesagt: der Baß ist ein größerer Narr als man von einem Baß zu verlangen braucht! Alle drey speisen in meiner Garküche, und Sie wissen vielleicht nicht, daß ich Elle Schnapper bin.«

Die schöne Sara dankte für diese Mittheilung, wogegen wieder die Schnapper-Elle ihr ausführlich erzählte, wie sie einst in Amsterdam gewesen, dort wegen ihrer Schönheit gar vielen Nachstellungen unterworfen war, und wie sie drey Tage vor Pfingsten nach Frankfurt gekommen und den Schnapper geheurathet, wie dieser am Ende gestorben, wie er auf dem Todtbette die rührendsten Dinge gesprochen, und wie es schwer sey als Vorsteherinn einer Garküche die Hände zu konserviren. Manchmal sah sie nach der Seite, mit wegwerfendem Blicke, der wahrscheinlich einigen spöttischen jungen Weibern galt, die ihren Anzug musterten. Merkwürdig genug war diese Kleidung: ein weitausgebauschter Rock von weißem Atlas, worin alle Thierarten der Arche Noä grellfarbig gestickt, ein Wams von Goldstoff wie ein Küraß, die Aermel von rothem Sammt, gelb geschlitzt, auf dem Haupte eine unmenschlich hohe Mütze, um den Hals eine allmächtige Krause von weißem Steiflinnen, so wie auch eine silberne Kette, woran allerley Schaupfennige, Camäen und Raritäten, unter andern ein großes Bild der Stadt Amsterdam, bis über den Busen herabhingen. Aber die Kleidung der übrigen Frauen war nicht minder merkwürdig und bestand wohl aus einem Gemische von Moden verschiedener Zeiten, und manches Weiblein, bedeckt mit Gold und Diamanten, glich einem wandlenden Juwelierladen. Es war freylich den frankfurter Juden damals eine bestimmte Kleidung gesetzlich vorgeschrieben, und zur Unterscheidung von den Christen, sollten die Männer an ihren Mänteln gelbe Ringe und die Weiber an ihren Mützen hochaufstehende blaugestreifte Schleyer tragen. Jedoch im Judenquartier wurde diese obrigkeitliche Verordnung wenig beachtet, und dort, besonders an Festtagen, und zumal in der Synagoge suchten die Weiber so viel Kleiderpracht als möglich gegen einander auszukramen, theils um sich beneiden zu lassen, theils auch um den Wohlstand und die Creditfähigkeit ihrer Eheherren darzuthun.

Während nun unten in der Synagoge die Gesetzabschnitte aus den Büchern Mosis vorgelesen werden, pflegt dort die Andacht etwas nachzulassen. Mancher macht es sich bequem und setzt sich nieder, flüstert auch wohl mit einem Nachbar über weltliche Angelegenheiten oder geht hinaus auf den Hof, um frische Luft zu schöpfen. Kleine Knaben nehmen sich unterdessen die Freyheit ihre Mütter in der Weiberabtheilung zu besuchen, und hier hat alsdann die Andacht wohl noch größere Rückschritte gemacht: hier wird geplaudert, geruddelt, gelacht, und, wie es überall geschieht die jüngeren Frauen scherzen über die alten, und diese klagen wieder über Leichtfertigkeit der Jugend und Verschlechterung der Zeiten. Gleichwie es aber unten in der Synagoge zu Frankfurt einen Vorsänger gab, so gab es in der obern Abtheilung eine Vorklatscherinn. Das war Hündchen Reiß, eine platte grünliche Frau, die jedes Unglück witterte und immer eine scandalose Geschichte auf der Zunge trug. Die gewöhnliche Zielscheibe ihrer Spitzreden war die arme Schnapper-Elle, sie wußte gar drollig die erzwungen vornehmen Gebehrden derselben nachzuäffen, so wie auch den schmachtenden Anstand womit sie die schalkhaften Huldigungen der Jugend entgegennimmt.

»Wißt Ihr wohl« – rief jetzt Hündchen Reiß – »die Schnapper-Elle hat gestern gesagt: wenn ich nicht schön und klug
und geliebt wäre, so möchte ich nicht auf der Welt seyn!«

Da wurde etwas laut gekichert, und die nahstehende
Schnapper-Elle, merkend daß es auf ihre Kosten geschah, hob
verachtungsvoll ihr Auge empor, und wie ein stolzes Pracht-
schiff segelte sie nach einem entfernteren Platze. Die Vögele
Ochs, eine runde, etwas täppische Frau, bemerkte mitleidig:
die Schnapper-Elle sey zwar eitel und beschränkt, aber sehr
bravmüthig, und sie thue sehr viel Gutes an Leute, die es
nöthig hätten.

»Besonders an den Nasenstern« – zischte Hündchen Reiß.
Und alle die das zarte Verhältniß kannten, lachten um so
lauter.

»Wißt Ihr wohl« – setzte Hündchen hämisch hinzu – »der
Nasenstern schläft jetzt auch im Hause der Schnapper-Elle …
Aber seht mahl dort unten die Süschen Flörsheim trägt die
Halskette die Daniel Fläsch bey ihrem Manne versetzt hat.
Die Fläsch ärgert sich … Jetzt spricht sie mit der Flörsheim …
Wie sie sich so freundlich die Hand drücken! Und hassen sich
doch wie Midian und Moab! Wie sie sich so liebevoll anlä-
cheln! Freßt Euch nur nicht vor lauter Zärtlichkeit! Ich will
mir das Gespräch anhören.«

Und nun, gleich einem lauernden Thiere, schlich Hündchen Reiß hinzu und hörte, daß die beiden Frauen theilneh-
mend einander klagten, wie sehr sie sich verflossene Woche
abgearbeitet, um in ihren Häusern aufzuräumen und das Kü-
chengeschirr zu schäuern, was vor dem Paschafeste geschehen
muß, damit kein einziges Brosämchen der gesäuerten Brödte
daran kleben bleibe. Auch von der Mühseligkeit beim Bak-
ken der ungesäuerten Brödte sprachen die beiden Frauen. Die
Fläsch hatte noch besondere Beklagnisse: im Backhause der
Gemeinde mußte sie viel Aerger erleiden, nach der Entschei-

dung des Looses konnte sie dort erst in den letzten Tagen, am Vorabend des Festes, und erst spät Nachmittags zum Backen gelangen, die alte Hanne hatte den Teig schlecht gekneter, die Mägde rollten mit ihren Wergelhölzern den Teig viel zu dünn, die Hälfte der Brödte verbrannte im Ofen, und außerdem regnete es so stark, daß es durch das bretterne Dach des Backhauses beständig tröpfelte, und sie mußten sich dort, naß und müde, bis tief in die Nacht abarbeiten.

»Und daran, liebe Flörsheim« — setzte die Fläsch hinzu mit einer schonenden Freundlichkeit, die keineswegs ächt war — »daran waren Sie auch ein bischen Schuld, weil Sie mir nicht Ihre Leute zur Hülfleistung beim Backen geschickt haben.«

»Ach Verzeihung« — erwiederte die Andre — »meine Leute waren zu sehr beschäftigt, die Meßwaren müssen verpackt werden, wir haben jetzt so viel zu thun, mein Mann ...«

»Ich weiß« — fiel ihr die Fläsch mit schneidend hastigem Tone in die Rede — »ich weiß, Ihr habt viel zu thun, viel Pfänder, und gute Geschäfte, und Halsketten ...«

Eben wollte ein giftiges Wort den Lippen der Sprecherinn entgleiten und die Flörsheim ward schon roth wie ein Krebs, als plötzlich Hündchen Reiß laut aufkreischte: »Um Gottes Willen, die fremde Frau liegt und stirbt ... Wasser! Wasser!«

Die schöne Sara lag in Ohnmacht, blaß wie der Tod, und um sie herum drängte sich ein Schwarm von Weibern, geschäftig und jammernd. Die Eine hielt ihr den Kopf, eine zweite hielt ihr den Arm; einige alte Frauen bespritzten sie mit den Wassergläschen, die hinter ihren Betpulten hängen, zum Behufe des Händewaschens, im Fall sie zufällig ihren eignen Leib berührten; Andre hielten unter die Nase der Ohnmächtigen eine alte Zitrone, die mit Gewürznägelchen durchstochen, noch vom letzten Fasttage herrührte, wo sie zum nervenstärkenden Anriechen diente. Ermattet und tief seufzend schlug endlich die schöne Sara die Augen auf, und mit stummen Blicken dankte sie für die gütige Sorgfalt. Doch jetzt ward unten das Achtzehn-Gebeth, welches niemand versäumen darf, feyerlich angestimmt, und die geschäftigen Weiber eilten zurück nach ihren Plätzen, und verrichteten jenes Gebet, wie es geschehen muß, stehend und das Gesicht gewendet gegen Morgen, welches die Himmelsgegend wo Jerusalem liegt. Vögele Ochs, Schnapper-Elle und Hündchen Reiß verweilten am längsten bey der schönen Sara; die beiden ersteren indem sie ihr eifrigst ihre Dienste anboten, die letztere, nachdem sie sich nochmals bey ihr erkundigte: weßhalb sie so plötzlich ohnmächtig geworden?

Die Ohnmacht der schönen Sara hatte aber eine ganz besondere Ursache. Es ist nemlich Gebrauch in der Synagoge, daß jemand, welcher einer großen Gefahr entronnen, nach der Verlesung der Gesetzabschnitte, öffentlich hervortritt und der göttlichen Vorsicht für seine Rettung dankt. Als nun Rabbi Abraham zu solcher Danksagung unten in der Synagoge sich erhob, und die schöne Sara die Stimme ihres Mannes erkannte, merkte sie wie der Ton derselben allmählig in das trübe Gemurmel des Todtengebetes überging, sie hörte die Namen ihrer Lieben und Verwandten und zwar begleitet von jenem segnenden Beywort, das man den Verstorbenen ertheilt ... und die letzte Hoffnung schwand aus der Seele der schönen Sara, und ihre Seele ward zerrissen von der Gewißheit, daß ihre Lieben und Verwandte wirklich ermordet worden, daß ihre kleine Nichte todt sey, daß auch ihre Bäschen, Blümchen und Vögelchen, todt seyen, auch der kleine Gottschalk todt sey, alle ermordet und todt! Von dem Schmerze dieses Bewußtseyns wäre sie schier selber gestorben, hätte sich nicht eine wohlthätige Ohnmacht über ihre Sinne ergossen.

DRITTES CAPITEL.

Als die schöne Sara, nach beendigtem Gottesdienste, in den Hof der Synagoge hinabstieg, stand dort der Rabbi harrend seines Weibes. Er nickte ihr mit heiterem Antlitz und geleitete sie hinaus auf die Straße, wo die frühere Stille ganz verschwunden und ein lermiges Menschengewimmel zu schauen war. Bärtige Schwarzröcke, wie Ameisenhaufen; Weiber, glanzreich hinflatternd, wie Goldkäfer; neugekleidete Knaben, die den Alten die Gebetbücher nachtrugen; junge Mädchen, die, weil sie nicht in die Synagoge gehen dürfen, jetzt aus den Häusern ihren Eltern entgegenhüpfen, vor ihnen die Lockenköpfchen beugen, um den Seegen zu empfangen: Alle heiter und freudig, und die Gasse auf und ab spatzierend, im seeligen Vorgefühl eines guten Mittagmahls, dessen lieblicher Duft schon mundwässernd hervorstieg aus den schwarzen, mit Kreide bezeichneten Töpfen, die eben von den lachenden Mägden aus dem großen Gemeinde-Ofen geholt worden.

In diesem Gewirre war besonders bemerkbar die Gestalt eines spanischen Ritters, auf dessen jugendlichen Gesichtszügen jene reitzende Blässe lag, welche die Frauen gewöhnlich einer unglücklichen Liebe, die Männer hingegen einer glücklichen zuschreiben. Sein Gang, obschon gleichgültig hinschlendernd, hatte dennoch eine etwas gesuchte Zierlichkeit; die Federn seines Barettes bewegten sich mehr durch das vornehme Wiegen des Hauptes, als durch das Wehen des Windes; mehr als eben nothwendig klirrten seine goldenen Sporen und das Wehrgehänge seines Schwertes, welches er im Arme zu tragen schien, und dessen Griff kostbar hervorblitzte aus dem weißen Reutermantel, der seine schlanken Glieder scheinbar nachläßig umhüllte und dennoch den sorgfältigsten Faltenwurf verrieth. Hin und wieder, theils mit Neugier, theils mit Kennermiene nahte er sich den vorüberwandelnden Frauenzimmern, sah ihnen seelenruhig fest ins Antlitz, verweilte bey solchem Anschaun wenn die Gesichter der Mühe lohnten, sagte auch manchem liebenswürdigen Kinde einige rasche Schmeichelworte, und schritt sorglos weiter ohne die Wirkung zu erwarten. Die schöne Sara hatte er schon mehrmals umkreist, jedesmal wieder zurückgescheucht von dem gebietenden Blick derselben oder auch von der räthselhaft lächelnden Miene ihres Mannes, aber endlich, in stolzem Abstreifen aller scheuen Befangenheit, trat er beiden keck in den Weg, und mit stutzerhafter Sicherheit und süßlich galantem Tone hielt er folgende Anrede:

»Sennora, ich schwöre! Hört, Sennora, ich schwöre! Bey den Rosen beider Castillien, bey den arragonesischen Hiazynthen und andalusischen Granatblüthen! Bey der Sonne die ganz Spanien mit all seinen Blumen, Zwiebeln, Erbsensuppen, Wäldern, Bergen, Mauleseln, Ziegenböcken und Alt-Christen beleuchtet! Bey der Himmelsdecke, woran diese Sonne nur ein goldner Quast ist! Und bey dem Gott, der auf der Himmelsdecke sitzt, und Tag und Nacht über neue Bildungen holdseliger Frauengestalten nachsinnt … Ich schwöre, Sennora, Ihr seyd das schönste Weib, das ich in deutschen Landen gesehen habe, und so Ihr gewillet seyd meine Dienste anzunehmen, so bitte ich Euch um die Gunst, Huld und Erlaubniß mich Euren Ritter nennen zu dürfen, und in Schimpf und Ernst Eure Farben zu tragen!«

Ein erröthender Schmerz glitt über das Antlitz der schönen Sara, und mit einem Blicke, der um so schneidender wirkt, je sanfter die Augen sind die ihn versenden, und mit einem Tone, der um so vernichtender je bebend weicher die Stimme, antwortete die tiefgekränkte Frau:

»Edler Herr! Wenn Ihr mein Ritter seyn wollt, so müßt Ihr gegen ganze Völker kämpfen, und in diesem Kampfe giebt es wenig Dank und noch weniger Ehre zu gewinnen! Und wenn Ihr gar meine Farben tragen wollt, so müßt Ihr gelbe Ringe auf Euren Mantel nähen oder eine blaugestreifte Schärpe umbinden: denn dieses sind meine Farben, die Farben meines Hauses, des Hauses welches Israel heißt, und sehr elend ist, und auf den Gassen verspottet wird von den Söhnen des Glücks!«

Plötzliche Purpurröthe bedeckte die Wangen des Spaniers, eine unendliche Verlegenheit arbeitete in allen seinen Zügen und fast stotternd sprach er:

»Sennora … Ihr habt mich mißverstanden … unschuldiger Scherz … aber, bey Gott, kein Spott, kein Spott über Israel … Ich stamme selber aus dem Hause Israel … mein Großvater war ein Jude, vielleicht sogar mein Vater …«

»Und ganz sicher, Sennor, ist Eur Oheim ein Jude« – fiel ihm der Rabbi, der dieser Scene ruhig zugesehen, plötzlich in die Rede, und mit einem fröhlich neckenden Blicke setzte er hinzu: – »und ich will mich selbst dafür verbürgen, daß Don Isaak Abarbanel, Neffe des großen Rabbi, dem besten Blute Israels entsprossen ist, wo nicht gar dem königlichen Geschlechte Davids!«

Da klirrte das Schwertgehänge unter dem Mantel des Spaniers, seine Wangen erblichen wieder bis zur fahlsten Blässe, auf seiner Oberlippe zuckte es wie Hohn der mit dem Schmerze ringt, aus seinen Augen grinste der zornigste Tod, und in einem ganz verwandelten, eiskalten, scharfgehackten Tone, sprach er:

»Sennor Rabbi! Ihr kennt mich. Nun wohlan, so wißt Ihr auch wer ich bin. Und weiß der Fuchs, daß ich der Brut des Löwen angehöre, so wird er sich hüten, und seinen Fuchsbart nicht in Lebensgefahr bringen und meinen Zorn nicht reitzen! Wie will der Fuchs den l.öwen richten? Nur wer wie der Löwe fühlt, kann seine Schwächen begreifen …«

»O, ich begreife es wohl« – antwortete der Rabbi und wehmüthiger Ernst zog über seine Stirne – »ich begreife es wohl, wie der stolze Leu aus Stolz seinen fürstlichen Pelz abwirft und sich in den bunten Schuppenpanzer des Krokodils verkappt, weil es Mode ist ein greinendes, schlaues, gefräßiges Krokodil zu seyn! Was sollen erst die gringeren Thiere beginnen, wenn sich der Löwe verläugnet? Aber hüte dich, Don Isaak, du bist nicht geschaffen für das Element des Krokodils. Das Wasser – (du weißt wohl wovon ich rede) – ist dein Unglück, und du wirst untergehn. Nicht im Wasser ist dein Reich; die schwächste Forelle kann besser darin gedeihen als der König des Waldes. Weißt du noch, wie dich die Strudel des Tago verschlingen wollten …«

In ein lautes Gelächter ausbrechend, fiel Don Isaak plötzlich dem Rabbi um den Hals, verschloß seinen Mund mit Küssen, sprang sporenklirrend vor Freude in die Höhe, daß die vorbeygehenden Juden zurückschraken, und in seinem natürlich herzlich heiteren Tone rief er:

»Wahrhaftig, du bist Abraham von Bacherach! Und es war ein guter Witz und obendrein ein Freundschaftsstück, als du zu Toledo von der Alkantara-Brücke ins Wasser sprangest und deinen Freund, der besser trinken als schwimmen konnte, beim Schopf faßtest und aufs Trockene zogest! Ich war nahe dran, recht gründliche Untersuchungen anzustellen: ob auf dem Grunde des Tago wirklich Goldkörner zu finden, und ob ihn mit Recht die Römer den goldnen Fluß genannt haben? Ich sage dir, ich erkälte mich noch heute durch die bloße Erinnerung an jene Wasserparthie.«

Bey diesen Worten gebehrdete sich der Spanier, als wollte er anhängende Wassertropfen von sich abschütteln. Das Antlitz des Rabbi aber war gänzlich aufgeheitert. Er drückte seinem Freunde wiederholentlich die Hand und jedesmal sagte er: »Ich freue mich!«

»Und ich freue mich ebenfalls« – sprach der Andre – »wir haben uns seit sieben Jahren nicht gesehen; bey unserem Abschied war ich noch ein ganz junger Gelbschnabel, und du, du warst schon so gesetzt und ernsthaft … Was ward aber aus der schönen Donna, die dir damals so viele Seufzer kostete, wohlgereimte Seufzer, die du mit Lautenklang begleitet hast …«

»Still, still! die Donna hört uns, sie ist mein Weib, und du selbst hast ihr heute eine Probe deines Geschmackes und Dichtertalentes dargebracht.«

Nicht ohne Nachwirkung der früheren Verlegenheit, begrüßte der Spanier die schöne Frau, welche mit anmuthiger Güte jetzt bedauerte, daß sie durch Aeußerungen des Unmuths einen Freund ihres Mannes betrübt habe.

»Ach, Sennora« – antwortete Don Isaak – »wer mit täppischer Hand nach einer Rose griff, darf sich nicht beklagen, daß ihn die Dornen verletzten! Wenn der Abendstern sich im blauen Strome goldfunkelnd abspiegelt …«

»Ich bitte dich um Gotteswillen« – unterbrach ihn der Rabbi – »hör auf … Wenn wir so lange warten sollen bis der Abendstern sich im blauen Strome goldfunkelnd abspiegelt, so verhungert meine Frau; sie hat seit gestern nichts gegessen und seitdem viel Ungemach und Mühsal erlitten.«

»Nun, so will ich Euch nach der besten Garküche Israels führen« – rief Don Isaak – »nach dem Hause meiner Freundinn Schnapper-Elle, das hier in der Nähe. Schon rieche ich ihren holden Duft, nemlich der Garküche. O wüßtest du, Abraham, wie dieser Duft mich anspricht! Er ist es, der mich, seit ich in dieser Stadt verweile, so oft hinlockt nach den Zelten Jakobs. Der Verkehr mit dem Volke Gottes ist sonst nicht meine Liebhaberey, und wahrlich nicht um hier zu beten, sondern um zu essen besuche ich die Judengasse …«

»Du hast uns nie geliebt, Don Isaak …«

»Ja« – fuhr der Spanier fort – »ich liebe Eure Küche weit mehr als Euren Glauben; es fehlt ihm die rechte Sauçe. Euch selber habe ich nie ordentlich verdauen können. Selbst in Eu-

ren besten Zeiten, selbst unter der Regierung meines Ahnherrn Davids, welcher König war über Juda und Israel, hätte
ich es nicht unter Euch aushalten können, und ich wäre gewiß
eines frühen Morgens aus der Burg Sion entsprungen und
nach Phönizien emigrirt, oder nach Babilon, wo die Lebenslust schäumte im Tempel der Götter ...«

»Du lästerst, Isaak, den einzigen Gott« – murmelte finster
der Rabbi – »du bist weit schlimmer als ein Christ, du bist ein
Heide, ein Götzendiener ...«

»Ja, ich bin ein Heide, und eben so zuwider wie die dürren,
freudlosen Hebräer sind mir die trüben, qualsüchtigen Naza-
rener. Unsre liebe Frau von Sidon, die heilige Astarte, mag es
mir verzeihen, daß ich vor der schmerzenreichen Mutter des
Gekreuzigten niederknie und bete ... Nur mein Knie und
meine Zunge huldigt dem Tode, mein Herz blieb treu dem
Leben! ...«

»Aber schau nicht so sauer« – fuhr der Spanier fort in seiner
Rede, als er sah wie wenig dieselbe den Rabbi zu erbauen
schien – »schau mich nicht an mit Abscheu. Meine Nase ist
nicht abtrünnig geworden. Als mich einst der Zufall, um Mit-
tagzeit in diese Straße führte, und aus den Küchen der Juden
mir die wohlbekannten Düfte in die Nase stiegen: da erfaßte
mich jene Sehnsucht, die unsere Väter empfanden, als sie zu-
rückdachten an die Fleischtöpfe Egyptens; wohlschmecken-
de Jugenderinnerungen stiegen in mir auf; ich sah wieder im
Geiste die Karpfen mit brauner Rosinensauce, die meine Tan-
te für den Freytagabend so erbaulich zu bereiten wußte; ich
sah wieder das gedämpfte Hammelfleisch mit Knoblauch und
Mayrettig, womit man die Todten erwecken kann, und die
Suppe mit schwärmerisch schwimmenden Klöschen ... und
meine Seele schmolz, wie die Töne einer verliebten Nachtigall, und seitdem esse ich in der Garküche meiner Freundinn
Donna Schnapper-Elle!«

Diese Garküche hatte man unterdessen erreicht; Schnapper-Elle selbst stand an der Thüre ihres Hauses, die Meßfremden, die sich hungrig hineindrängten, freundlich begrüßend. Hinter ihr, den Kopf über ihre Schulter hinauslehnend, stand der lange Nasenstern und musterte neugierig ängstlich die Ankömmlinge. Mit übertriebener Grandezza nahte sich Don Isaak unserer Gastwirthinn, die seine schalkhaft tiefen Verbeugungen mit unendlichen Knixen erwiederte; drauf zog er den Handschuh ab von seiner rechten Hand, umwickelte sie mit dem Zipfel seines Mantels, ergriff damit die Hand der Schnapper-Elle, strich sie langsam über die Haare seines Stutzbartes und sprach:

»Sennora! Eure Augen wetteifern mit den Gluthen der Sonne! Aber obgleich die Eyer, je länger sie gekocht werden, sich desto mehr verhärten, so wird dennoch mein Herz nur um so weicher je länger es von den Flammenstralen Eurer Augen gekocht wird! Aus der Dotter meines Herzens flattert hervor der geflügelte Gott Amur und sucht ein trauliches Nestchen in Eurem Busen ... Diesen Busen, Sennora, womit soll ich ihn vergleichen? Es giebt in der weiten Schöpfung keine Blume, keine Frucht, die ihm ähnlich wäre! Dieses Gewächs ist einzig in seiner Art. Obgleich der Sturm die zartesten Röslein entblättert, so ist doch Eur Busen eine Winterrose, die allen Winden trotzt! Obgleich die saure Zitrone, je mehr sie altert, nur desto gelber und runzlichter wird, so wetteifert dennoch Eur Busen mit der Farbe und Zartheit der süßesten Annanas! O Sennora, ist auch die Stadt Amsterdam so schön, wie Ihr mir gestern und vorgestern und alle Tage erzählt habt, so ist doch der Boden worauf sie ruht noch tausendmal schöner ...«

Der Ritter sprach diese letzteren Worte mit erheuchelter Befangenheit und schielte schmachtend nach dem großen Bilde, das an Schnapper-Elles Halse hing; der Nasenstern schaute von oben herab mit suchenden Augen, und der belobte Busen setzte sich in eine so wogende Bewegung, daß die Stadt Amsterdam hin und her wackelte.

»Ach!« – seufzte die Schnapper-Elle – »Tugend ist mehr werth als Schönheit. Was nützt mir die Schönheit? Meine Jugend geht vorüber, und seit Schnapper todt ist – er hat wenigstens schöne Hände gehabt – was hilft mir da die Schönheit?«

Und dabey seufzte sie wieder, und wie ein Echo, fast unhörbar, seufzte hinter ihr der Nasenstern.

»Was Euch die Schönheit nützt« – rief Don Isaak – »O, Donna Schnapper-Elle, versündigt Euch nicht an der Güte der schaffenden Natur! Schmäht nicht ihre holdesten Gaben! Sie würde sich furchtbar rächen. Diese beseligenden Augen würden blöde verglasen, diese anmuthigen Lippen würden sich bis ins Abgeschmackte verplatten, dieser keusche, liebesuchende Leib würde sich in eine schwerfällige Talgtonne verwandeln, die Stadt Amsterdam würde auf einen muffigen Morast zu ruhen kommen –«

Und so schilderte er Stück vor Stück das jetzige Aussehn der Schnapper-Elle, so daß der armen Frau sonderbar beängstigend zu Muthe ward, und sie den unheimlichen Reden des Ritters zu entrinnen suchte. In diesem Augenblicke war sie doppelt froh als sie der schönen Sara ansichtig ward und sich angelegentlichst erkundigen konnte, ob sie ganz von ihrer Ohnmacht genesen. Sie stürzte sich dabey in ein lebhaftes Gespräch, worin sie alle ihre falsche Vornehmthuerey und ächte Herzensgüte entwickelte, und mit mehr Weitläuftigkeit als Klugheit die fatale Geschichte erzählte, wie sie selbst vor Schrecken fast in Ohnmacht gefallen wäre, als sie wildfremd mit der Trekschuite zu Amsterdam ankam, und der spitzbübische Träger ihres Koffers sie nicht in ein ehrbares Wirthshaus, sondern in ein freches Frauenhaus brachte, was sie bald gemerkt an dem vielen Branteweingesöffe und den unsittlichen Zumuthungen … und sie wäre, wie gesagt, wirklich in

Ohnmacht gefallen, wenn sie es, während den sechs Wochen, die sie in jenem verfänglichen Hause zubrachte, nur einen Augenblick wagen durfte die Augen zu schließen ...

»Meiner Tugend wegen« – setzte sie hinzu – »durfte ich es nicht wagen. Und das alles passirte mir wegen meiner Schönheit! Aber Schönheit vergeht und Tugend besteht.«

Don Isaak war schon im Begriff die Einzelheiten dieser Geschichte kritisch zu beleuchten, als glücklicherweise der scheele Aaron Hirschkuh, von Homburg an der Lahn, mit der weißen Serviette im Maule, aus dem Hause hervorkam, und ärgerlich klagte, daß schon längst die Suppe aufgetragen sey und die Gäste zu Tische säßen und die Wirthinn fehle. – – – – –

(Der Schluß und die folgenden Kapitel sind, ohne Verschulden des Autors, verlorengegangen.)

GESTÄNDNISSE.

Geschrieben im Winter 1854.

VORWORT.

Die nachfolgenden Blätter schrieb ich, um sie einer neuen Ausgabe meines Buches *de l'Allemagne* einzuverleiben. Voraussetzend, daß ihr Inhalt auch die Aufmerksamkeit des heimischen Publikums in Anspruch nehmen dürfte, veröffentliche ich diese Geständnisse ebenfalls in deutscher Sprache, und zwar noch vor dem Erscheinen der französischen Version. Zu dieser Vorsicht zwingt mich die Fingerfertigkeit sogenannter Uebersetzer, die, obgleich ich jüngst in deutschen Blättern die Original-Ausgabe eines Opus ankündigte, dennoch sich nicht entblödeten, aus einer Pariser Zeitschrift, den bereits in französischer Sprache erschienenen Anfang meines Werks aufzuschnappen und als besondere Broschüre verdeutscht herauszugeben, solchermaßen nicht bloß die literarische Reputazion, sondern auch die Eigenthumsinteressen des Autors beeinträchtigend. Dergleichen Schnapphähne sind weit verächtlicher als der Straßenräuber, der sich muthig der Gefahr des Gehenktwerdens aussetzt, während jene, mit feigster Sicherheit die Lücken unsrer Preßgesetzgebung ausbeutend, ganz straflos den armen Schriftsteller um seinen eben so mühsamen wie kümmerlichen Erwerb bestehlen können. Ich will den besondern Fall, von welchem ich rede, hier nicht weitläufig erörtern; überrascht, ich gestehe es, hat die Büberey mich nicht. Ich habe mancherley bittere Erfahrungen gemacht, und der alte Glaube oder Aberglaube an deutsche Ehrlichkeit ist bey mir sehr in die Krümpe gegangen. Ich kann es nicht verhehlen, daß ich, zumal während meines Aufenthalts in Frankreich, sehr oft das Opfer jenes Aberglaubens ward. Sonderbar genug, unter den Gaunern, die ich leider zu meinem Schaden kennen lernte, befand sich nur ein einziger Franzose, und dieser Gauner war gebürtig aus einem jener deutschen Gauen, die einst dem deutschen Reich entrissen, jetzt von unsern Patrioten zurückverlangt werden. Sollte ich, in der ethnographischen Weise des Leporello, eine illustrirte Liste von den respektiven Spitzbuben anfertigen, die mir die Tasche geleert, so würden freylich alle civilisirten Länder darin zahlreich genug repräsentirt werden, aber die Palme bliebe doch dem Vaterlande, welches das Unglaublichste geleistet, und ich könnte davon ein Lied singen mit dem Refrain:

»Aber in Deutschland tausend und drey!«

Charakteristisch ist es, daß unsern deutschen Schelmen immer eine gewisse Sentimentalität anklebt. Sie sind keine kalten Verstandesspitzbuben, sondern Schufte von Gefühl. Sie haben Gemüth, sie nehmen den wärmsten Antheil an dem Schicksal derer, die sie bestohlen, und man kann sie nicht los werden. Sogar unsre vornehmen Industrieritter sind nicht bloße Egoisten, die nur für sich stehlen, sondern sie wollen den schnöden Mammon erwerben, um Gutes zu thun; in den Freystunden, wo sie nicht von ihren Berufsgeschäften, z.B. von der Direkzion einer Gasbeleuchtung der böhmischen Wälder, in Anspruch genommen werden, beschützen sie Pianisten und Journalisten, und unter der buntgestickten, in allen Farben der Iris schillernden Weste trägt mancher auch ein Herz, und in dem Herzen den nagenden Bandwurm des Weltschmerzes. Der Industrielle, der mein obenerwähntes Opus in sogenannter Uebersetzung als Broschüre herausgegeben, begleitete dieselbe mit einer Notiz über meine Person, worin er wehmüthig meinen traurigen Gesundheitszustand bejammert,

und durch eine Zusammenstellung von allerley Zeitungsarti-
keln über mein jetziges klägliches Aussehen die rührendsten
Nachrichten mittheilt, so daß ich hier von Kopf bis zu Fuß
beschrieben bin, und ein witziger Freund bey dieser Lektüre
lachend ausrufen konnte: Wir leben wirklich in einer verkehrten Welt, und es ist jetzt der Dieb, welcher den Steckbrief
des ehrlichen Mannes, den er bestohlen hat, zur öffentlichen
Kunde bringt. –

Geschrieben zu Paris,
im März 1854.

Ein geistreicher Franzose – vor einigen Jahren hätten diese
Worte einen Pleonasmus gebildet – nannte mich einst einen
romantique défroqué. Ich hege eine Schwäche für alles was Geist
ist, und so boßhaft die Benennung war, hat sie mich dennoch
höchlich ergötzt. Sie ist treffend. Trotz meiner exterminatori-
schen Feldzüge gegen die Romantik, blieb ich doch selbst immer ein Romantiker, und ich war es in einem höheren Grade,
als ich selbst ahnte. Nachdem ich dem Sinne für romantische
Poesie in Deutschland die tödtlichsten Schläge beygebracht,
beschlich mich selbst wieder eine unendliche Sehnsucht nach
der blauen Blume im Traumlande der Romantik, und ich ergriff die alte bezauberte Laute und sang ein Lied, worin ich
mich allen holdseligen Uebertreibungen, aller Mondschein-
trunkenheit, allem blühenden Nachtigallen-Wahnsinn der
einst so geliebten Weise hingab. Ich weiß, es war »das letzte
freye Waldlied der Romantik,« und ich bin ihr letzter Dichter:
mit mir ist die alte lyrische Schule der Deutschen geschlossen, während zugleich die neue Schule, die moderne deutsche
Lyrik, von mir eröffnet ward. Diese Doppelbedeutung wird
mir von den deutschen Literarhistorikern zugeschrieben. Es

ziemt mir nicht, mich hierüber weitläuftig auszulassen, aber ich darf mit gutem Fuge sagen, daß ich in der Geschichte der deutschen Romantik eine große Erwähnung verdiene. Aus diesem Grunde hätte ich in meinem Buche *de l'Allemagne*, wo ich jene Geschichte der romantischen Schule so vollständig als möglich darzustellen suchte, eine Besprechung meiner eignen Person liefern müssen. Indem ich dieses unterließ, entstand eine Lakune, welcher ich nicht leicht abzuhelfen weiß. Die Abfassung einer Selbstcharakteristik wäre nicht bloß eine sehr verfängliche, sondern sogar eine unmögliche Arbeit. Ich wäre ein eitler Geck, wenn ich hier das Gute, das ich von mir zu sagen wüßte, drall hervorhübe, und ich wäre ein großer Narr, wenn ich die Gebrechen, deren ich mich vielleicht ebenfalls bewußt bin, vor aller Welt zur Schau stellte – Und dann, mit dem besten Willen der Treuherzigkeit kann kein Mensch über sich selbst die Wahrheit sagen. Auch ist dies niemandem bis jetzt gelungen, weder dem heiligen Augustin, dem frommen Bischof von Hippo, noch dem Genfer Jean Jacques Rousseau, und am allerwenigsten diesem letztern, der sich den Mann der Wahrheit und der Natur nannte, während er doch im Grunde viel verlogener und unnatürlicher war, als seine Zeitgenossen. Er ist freylich zu stolz, als daß er sich gute Eigenschaften oder schöne Handlungen fälschlich zuschriebe, er erfindet vielmehr die abscheulichsten Dinge zu seiner eignen Verunglimpfung. Verläumdete er sich etwa selbst, um mit desto größerem Schein von Wahrhaftigkeit auch Andre, z. B. meinen armen Landsmann Grimm, verläumden zu können? Oder macht er unwahre Bekenntnisse, um wirkliche Vergehen darunter zu verbergen, da, wie männiglich bekannt ist, die Schmachgeschichten, die über uns im Umlauf sind, uns nur dann sehr schmerzhaft zu berühren pflegen, wenn sie Wahrheit enthalten, während unser Gemüth minder verdrießlich davon verletzt wird, wenn sie nur eitel Erfindnisse sind. So bin ich überzeugt, Jean Jacques hat das Band nicht gestohlen, das einer unschuldig angeklagten und fortgejagten Kammerjungfer Ehre und Dienst kostete; er hatte gewiß kein Talent zum Stehlen, er war viel zu blöde und täppisch, er, der künftige Bär der Ermitage. Er hat vielleicht eines andern Vergehens sich schuldig gemacht, aber es war kein Diebstahl. Auch hat er seine Kinder nicht ins Findelhaus geschickt, sondern nur die Kinder von Mademoiselle Therese Levasseur. Schon vor dreyßig Jahren machte mich einer der größten deutschen Psychologen auf eine Stelle der Confessionen aufmerksam, woraus bestimmt zu deduziren war, daß Rousseau nicht der Vater jener Kinder seyn konnte; der eitle Brummbär wollte sich lieber für einen barbarischen Vater ausgeben, als daß er den Verdacht ertrüge, aller Vaterschaft unfähig gewesen zu seyn. Aber der Mann, der in seiner eignen Person auch die menschliche Natur verläumdete, er blieb ihr doch treu in Bezug auf unsere Erbschwäche, die darinn besteht, daß wir in den Augen der Welt immer anders erscheinen wollen, als wir wirklich sind. Sein Selbstportrait ist eine Lüge, bewundernswürdig ausgeführt, aber eine brillante Lüge. Da war der König der Aschantis, von welchem ich jüngst in einer afrikanischen Reisebeschreibung viel Ergötzliches las, viel ehrlicher, und das naive Wort dieses Neger-Fürsten, welches die oben angedeutete menschliche Schwäche so spaßhaft resumirt, will ich hier mittheilen. Als nemlich der Major Bowditsch in der Eigenschaft eines Ministerresidenten von dem englischen Gouverneur des Caps der guten Hoffnung an den Hof jenes mächtigsten Monarchen Südafrikas geschickt ward, suchte er sich die Gunst der Höflinge und zumal der Hofdamen, die trotz ihrer schwarzen Haut mitunter außerordentlich schön waren, dadurch zu erwerben, daß er sie portraitirte. Der König, welcher die frappante Aehnlichkeit bewunderte, verlangte ebenfalls conterfeit zu werden und hatte dem Maler bereits einige Sitzungen gewidmet, als dieser zu bemerken glaubte, daß der König, der oft aufgesprungen war, um die Fortschritte des Portraits zu beobachten, in seinem Antlitze einige Unruhe und die grimassirende Verlegenheit eines Mannes verrieth, der einen Wunsch auf der Zunge hat, aber doch keine Worte dafür finden kann – der Maler drang jedoch so lange in Seine Majestät, ihm ihr allerhöchstes Begehr kund zu geben, bis der arme Negerkönig endlich kleinlaut ihn fragte: ob es nicht anginge, daß er ihn weiß malte?

Das ist es. Der schwarze Negerkönig will weiß gemalt seyn. Aber lacht nicht über den armen Afrikaner – jeder Mensch ist ein solcher Negerkönig, und jeder von uns möchte dem Publikum in einer anderen Farbe erscheinen, als die ist, womit uns die Fatalität angestrichen hat. Gottlob, daß ich dieses begreife, und ich werde mich daher hüten, hier in diesem Buche mich selbst abzukonterfeyen. Doch der Lacune, welche dieses mangelnde Portrait verursacht, werde ich in den folgenden Blättern einigermaßen abzuhelfen suchen, indem ich hier genugsam Gelegenheit finde, meine Persönlichkeit so bedenklich als möglich hervortreten zu lassen. Ich habe mir nemlich die Aufgabe gestellt, hier nachträglich die Entstehung dieses Buches und die philosophischen und religiösen Variazionen, die seit seiner Abfassung im Geiste des Autors vorgefallen, zu beschreiben, zu Nutz und Frommen des Lesers dieser neuen Ausgabe meines Buches *de l'Allemagne*.

Seyd ohne Sorge, ich werde mich nicht zu weiß malen, und meine Nebenmenschen nicht zu sehr anschwärzen. Ich werde immer meine Farbe ganz getreu angeben, damit man wisse, wie weit man meinem Urtheil trauen darf, wenn ich Leute von anderer Farbe bespreche.

Ich ertheilte meinem Buche denselben Titel, unter welchem Frau von Staël ihr berühmtes Werk, das denselben Gegenstand behandelt, herausgegeben hat, und zwar that ich es aus polemischer Absicht. Daß eine solche mich leitete, verläugne ich keineswegs; doch indem ich von vornherein erkläre, eine Partheyschrift geliefert zu haben, leiste ich dem Forscher der Wahrheit vielleicht bessere Dienste, als wenn ich eine gewisse laue Unpartheylichkeit erheuchelte, die immer eine Lüge und dem befehdeten Autor verderblicher ist, als die entschiedenste Feindschaft. Da Frau von Staël ein Autor von Genie ist und einst die Meinung aussprach, daß das Genie kein Geschlecht habe, so kann ich mich bey dieser Schriftstellerinn auch jener galanten Schonung überheben, die wir gewöhnlich den Damen angedeihen lassen, und die im Grunde doch nur ein mitleidiges Certifikat ihrer Schwäche ist.

Ist die banale Anekdote wahr, welche man in Bezug auf obige Aeußerung von Frau von Staël erzählt, und die ich bereits in meinen Knabenjahren unter andern Bonmots des Empires vernahm? Es heißt nemlich, zur Zeit wo Napoleon noch erster Consul war, sey einer Frau von Staël nach der Behausung desselben gekommen, um ihm einen Besuch abzustatten; doch trotzdem daß der dienstthuende Huissièr ihr versicherte, nach strenger Weisung niemanden vorlassen zu dürfen, habe sie dennoch unerschütterlich darauf bestanden, seinem ruhmreichen Hausherrn unverzüglich angekündigt zu werden. Als dieser letztere ihr hierauf sein Bedauern vermelden ließ, daß er die verehrte Dame nicht empfangen könne, sintemalen er sich eben im Bade befände, soll dieselbe ihm die famose Antwort zurückgeschickt haben, daß solches kein Hinderniß wäre, denn das Genie habe kein Geschlecht.

Ich verbürge nicht die Wahrheit dieser Geschichte; aber sollte sie auch unwahr seyn, so bleibt sie doch gut erfunden. Sie schildert die Zudringlichkeit, womit die hitzige Person den Kaiser verfolgte. Er hatte nirgends Ruhe vor ihrer Anbetung. Sie hatte sich einmal in den Kopf gesetzt, daß der größte Mann des Jahrhunderts auch mit der größten Zeitgenossinn mehr oder minder idealisch gepaart werden müsse. Aber als sie einst, in Erwartung eines Compliments, an den Kaiser die Frage richtete: welche Frau er für die größte seiner Zeit halte? antwortete jener: Die Frau, welche die meisten Kinder zur Welt gebracht. Das war nicht galant, wie denn nicht zu läugnen ist, daß der Kaiser den Frauen gegenüber nicht jene zarten Zuvorkommenheiten und Aufmerksamkeiten ausübte, welche die Französinnen so sehr lieben. Aber diese letztern werden nie durch taktloses Benehmen irgend eine Unartigkeit selbst hervorrufen, wie es die berühmte Genferin gethan, die bey dieser Gelegenheit bewies, daß sie trotz ihrer physischen Beweglichkeit von einer gewissen heimathlichen Unbeholfenheit nicht frey geblieben.

Als die gute Frau merkte, daß sie mit all ihrer Andringlichkeit nichts ausrichtete, that sie was die Frauen in solchen Fällen zu thun pflegen, sie erklärte sich gegen den Kaiser, raisonnirte gegen seine brutale und ungalante Herrschaft, und raisonnirte so lange bis ihr die Polizey den Laufpaß gab. Sie flüchtete nun zu uns nach Deutschland, wo sie Materialien sammelte zu dem berühmten Buche, das den deutschen Spiritualismus als das Ideal aller Herrlichkeit feyern sollte, im Gegensatze zu dem Materialismus des imperialen Frankreichs. Hier bey uns machte sie gleich einen großen Fund. Sie begegnete nemlich einem Gelehrten Namens August Wilhelm Schlegel. Das war ein Genie ohne Geschlecht. Er wurde ihr getreuer Cicerone und begleitete sie auf ihrer Reise durch alle Dachstuben der deutschen Literatur. Sie hatte einen unbändig großen Turban aufgestülpt, und war jetzt die Sultaninn des Gedankens. Sie ließ unsre Literaten gleichsam geistig die Revüe passiren, und parodirte dabey den großen Sultan der Materie. Wie dieser die Leute mit einem: wie alt sind Sie? wie viel Kinder haben Sie? wie viel Dienstjahre? u.s.w, anging, so frug jene unsre Gelehrten: wie alt sind Sie? was haben Sie geschrieben? sind

Sie Kantianer oder Fichteaner? und dergleichen Dinge, worauf die Dame kaum die Antwort abwartete, die der getreue Mameluk August Wilhelm Schlegel, ihr Rustan, hastig in sein Notizenbuch einzeichnete. Wie Napoleon diejenige Frau für die größte erklärte, welche die meisten Kinder zur Welt gebracht, so erklärte die Staël denjenigen Mann für den größten, der die meisten Bücher geschrieben. Man hat keinen Begriff davon, welchen Spektakel sie bey uns machte, und Schriften, die erst unlängst erschienen, z. B. die Memoiren der Caroline Pichler, die Briefe der Varnhagen und der Bettina Arnim, auch die Zeugnisse von Eckermann, schildern ergötzlich die Noth, welche uns die Sultaninn des Gedankens bereitete, zu einer Zeit, wo der Sultan der Materie uns schon genug Tribulazionen verursachte. Es war geistige Einquartirung, die zunächst auf die Gelehrten fiel. Diejenigen Literatoren, womit die vortreffliche Frau ganz besonders zufrieden war, und die ihr persönlich durch den Schnitt ihres Gesichtes oder die Farbe ihrer Augen gefielen, konnten eine ehrenhafte Erwähnung, gleichsam das Kreuz der Legion d'honneur, in ihrem Buche *de l'Allemagne* erwarten. Dieses Buch macht auf mich immer einen so komischen wie ärgerlichen Eindruck. Hier sehe ich die passionirte Frau mit all ihrer Turbulenz, ich sehe wie dieser Sturmwind in Weibskleidern durch unser ruhiges Deutschland fegte, wie sie überall entzückt ausruft: welche labende Stille weht mich hier an! Sie hatte sich in Frankreich echauffirt und kam nach Deutschland, um sich bey uns abzukühlen. Der keusche Hauch unsrer Dichter that ihrem heißen, sonnigen Busen so wohl! Sie betrachtete unsre Philosophen wie verschiedene Eissorten, und verschluckte Kant als Sorbet von Vanille, Fichte als Pistache, Schelling als Arlequin! – O wie hübsch kühl ist es in Euren Wäldern – rief sie beständig – welcher erquickende Veilchengeruch! wie zwitschern die Zeisige so friedlich in ihrem deutschen Nestchen! Ihr seyd ein gutes tugendhaftes Volk, und habt noch keinen Begriff von dem Sittenverderbniß, das bey uns herrscht, in der *Rue du Bac.*

Die gute Dame sah bey uns nur was sie sehen wollte: ein nebelhaftes Geisterland, wo die Menschen ohne Leiber, ganz Tugend, über Schneegefilde wandeln, und sich nur von Moral und Metaphysik unterhalten! Sie sah bey uns überall nur was sie sehen wollte, und hörte nur was sie hören und wiedererzählen wollte – und dabey hörte sie doch nur wenig, und nie das Wahre, einestheils weil sie immer selber sprach, und dann weil sie mit ihren barschen Fragen unsre bescheidenen Gelehrten verwirrte und verblüffte, wenn sie mit ihnen diskutirte. »Was ist Geist?« sagte sie zu dem blöden Professor Bouterwek, indem sie ihr dickfleischiges Bein auf seine dünnen, zitternden Lenden legte. Ach, schrieb sie dann: »wie interessant ist dieser Bouterwek! Wie der Mann die Augen niederschlägt! Das ist mir nie passirt mit meinen Herren zu Paris, in der *Rue du Bac*!« Sie sieht überall deutschen Spiritualismus, sie preist unsere Ehrlichkeit, unsere Tugend, unsere Geistesbildung – sie sieht nicht unsere Zuchthäuser, unsere Bordelle, unsere Casernen – man sollte glauben, daß jeder Deutsche den *Prix Montyon* verdiente – Und das Alles, um den Kaiser zu nergeln, dessen Feinde wir damals waren.

Der Haß gegen den Kaiser ist die Seele dieses Buches »*de l'Allemagne*«, und obgleich sein Name nirgends darin genannt wird, sieht man doch, wie die Verfasserinn bey jeder Zeile nach den Tuilerien schielt. Ich zweifle nicht, daß das Buch den Kaiser weit empfindlicher verdrossen hat, als der direkteste Angriff, denn nichts verwundet einen Mann so sehr, wie kleine weibliche Nadelstiche. Wir sind auf große Schwertstreiche gefaßt, und man kitzelt uns an den kitzlichsten Stellen. O die Weiber! Wir müssen ihnen viel verzeihen, denn sie lieben viel, und sogar Viele. Ihr Haß ist eigentlich nur eine Liebe, welche umgesattelt hat. Zuweilen suchen sie auch uns Böses zuzufügen, weil sie dadurch einem andern Manne etwas Liebes zu erweisen denken. Wenn sie schreiben, haben sie ein Auge auf das Papier und das andre auf einen Mann gerichtet, und dieses gilt von allen Schriftstellerinnen, mit Ausnahme der Gräfinn Hahn-Hahn, die nur ein Auge hat. Wir männlichen Schriftsteller haben ebenfalls unsere vorgefaßten Sympathien, und wir schreiben für oder gegen eine Sache, für oder gegen eine Idee, für oder gegen eine Parthey; die Frauen jedoch schreiben immer für oder gegen einen einzigen Mann, oder besser gesagt, wegen eines einzigen Mannes. Charakteristisch ist bey ihnen ein gewisser Cancan, der Klüngel, den sie auch in die Literatur herüberbringen, und der mir weit fataler ist, als die roheste Verläumdungswuth der Männer. Wir Männer lügen zuweilen. Die Weiber, wie alle passive Naturen, können selten erfinden, wissen jedoch das Vorgefundene dergestalt zu entstellen, daß sie uns dadurch noch weit sicherer schaden, als durch entschiedene Lügen. Ich glaube wahrhaftig, mein Freund Balzac hatte Recht, als er mir einst in einem sehr seufzenden Tone sagte: *la femme est un être dangereux.*

Ja, die Weiber sind gefährlich; aber ich muß doch die Bemerkung hinzufügen, daß die schönen nicht so gefährlich sind, als die, welche mehr geistige als körperliche Vorzüge besitzen. Denn jene sind gewohnt, daß ihnen die Männer den Hof machen, während die andern der Eigenliebe der Männer entgegenkommen, und durch den Köder der Schmeicheley einen größern Anhang gewinnen, als die Schönen. Ich will damit bey Leibe nicht andeuten, als ob Frau von Staël häßlich gewesen sey; aber eine Schönheit ist ganz etwas Anderes. Sie hatte angenehme Einzelheiten, welche aber ein sehr unangenehmes Ganze bildeten; besonders unerträglich für nervöse Personen, wie es der selige Schiller gewesen, war ihre Manie, beständig einen kleinen Stengel oder eine Papiertüte zwischen den Fingern wirbelnd herumzudrehen – dieses Manövre machte den armen Schiller schwindlicht, und er ergriff in Verzweiflung alsdann ihre schöne Hand, um sie fest zu halten, und Frau von Staël glaubte, der gefühlvolle Dichter sey hingerissen von dem Zauber ihrer Persönlichkeit. Sie hatte in der That sehr schöne Hände, wie man mir sagt, und auch die schönsten Arme, die sie immer nackt sehen ließ; gewiß, die Venus von Milo hätte keine so schönen Arme aufzuweisen. Ihre Zähne überstrahlten an Weiße das Gebiß der kostbarsten Rosse Arabiens. Sie hatte sehr große schöne Augen, ein Dutzend Amoretten würden Platz gefunden haben auf ihren Lippen, und ihr Lächeln soll sehr holdselig gewesen seyn. Häßlich war sie also nicht – keine Frau ist häßlich – so viel läßt sich aber mit Fug behaupten: wenn die schöne Helena von Sparta so ausgesehen hätte, so wäre der ganze trojanische Krieg nicht entstanden, die Burg des Priamos wäre nicht verbrannt worden, und Homer hätte nimmermehr besungen den Zorn des Peliden Achilles.

Frau von Staël hatte sich, wie oben gesagt, gegen den großen Kaiser erklärt, und machte ihm den Krieg. Aber sie beschränkte sich nicht darauf, Bücher gegen ihn zu schreiben; sie suchte ihn auch durch nicht literarische Waffen zu befehden: sie war einige Zeit die Seele aller jener aristokratischen und jesuitischen Intriguen, die der Coalizion gegen Napoleon vorangingen, und wie eine wahre Hexe kauerte sie an dem brodelnden Topfe, worin alle diplomatischen Giftmischer, ihre Freunde Talleyrand, Metternich, Pozzo-di-Borgo, Castlereagh u. s. w., dem großen Kaiser sein Verderben eingebrockt hatten. Mit dem Kochlöffel des Hasses rührte das Weib herum in dem fatalen Topfe, worin zugleich das Unglück der ganzen Welt gekocht wurde. Als der Kaiser unterlag, zog Frau von Staël siegreich ein in Paris mit ihrem Buche »de l'Allemagne« und in Begleitung von einigen hundert tausend Deutschen, die sie gleichsam als eine pompeuse Illustrazion ihres Buches mitbrachte. Solchermaßen illustrirt durch lebendige Figuren mußte das Werk sehr an Authenticität gewinnen, und man konnte sich hier durch den Augenschein überzeugen, daß der Autor uns Deutsche und unsere vaterländischen Tugenden sehr treu geschildert hatte. Welches köstliche Titelkupfer war jener Vater Blücher, diese alte Spielratte, dieser ordinaire Knaster, welcher einst einen Tagesbefehl ertheilt hatte, worin er sich vermaß, wenn er den Kaiser lebendig finge, denselben a u s h a u e n zu lassen. Auch unseren A. W. v. Schlegel brachte Frau von Staël mit nach Paris, und das war ein Musterbild deutscher Naivität und Heldenkraft. Es folgte ihr ebenfalls Zacharias Werner, dieses Modell deutscher Reinlichkeit, hinter welchem die entblößten Schönen des Palais-royal lachend einherliefen. Zu den interessanten Figuren, welche sich damals in ihrem deutschen Costume den Parisern vorstellten, gehörten auch die Herren Görres, Jahn und Ernst Moritz Arndt, die drey berühmtesten Franzosenfresser, eine drollige Gattung Bluthunde, denen der berühmte Patriot Börne in seinem Buche »Menzel, der Franzosenfresser« diesen Namen ertheilt hat. Besagter Menzel ist keineswegs, wie einige glauben, eine fingirte Personage, sondern er hat wirklich in Stuttgart existirt oder vielmehr ein Blatt herausgegeben, worin er täglich ein halb Dutzend Franzosen abschlachtete und mit Haut und Haar auffraß; wenn er seine sechs Franzosen verzehrt hatte, pflegte er manchmal noch obendrein einen Juden zu fressen, um im Munde einen guten Geschmack zu behalten, *pour se faire la bonne bouche.* Jetzt hat er längst ausgebellt, und zahnlos, räudig, verlungert er im Makulaturwinkel irgend eines schwäbischen Buchladens. Unter den Muster-Deutschen, welche zu Paris im Gefolge der Frau von Staël zu sehen waren, befand sich auch Friedrich von Schlegel, welcher gewiß die gastronomische Ascetik oder den Spiritualismus des gebratenen Hühnerthums repräsentirte; ihn begleitete seine würdige Gattinn Dorothea, geborne Mendelssohn und entlaufene Veit.

Ich darf hier ebenfalls eine andre Illustrazion dieser Gattung, einen merkwürdigen Akoluthen der Schlegel, nicht mit Stillschweigen übergehen. Dieses ist ein deutscher Baron, welcher, von den Schlegeln besonders rekommandirt, die germanische Wissenschaft in Paris repräsentiren sollte. Er war gebürtig aus Altona, wo er einer der angesehensten israelitischen Familien angehörte. Sein Stammbaum, welcher bis zu Abraham, dem Sohne Thaers und Ahnherrn Davids, des Königs über Juda und Israel, hinaufreichte, berechtigte ihn hinlänglich, sich einen Edelmann zu nennen, und da er, wie der Synagoge, auch späterhin dem Protestantismus entsagte, und letztern förmlich abschwörend, sich in den Schooß der römisch-katholischen, alleinseligmachenden Kirche begeben hatte, durfte er auch mit gutem Fug auf den Titel eines katholischen Barons Anspruch machen. In dieser Eigenschaft, und um die feudalistischen und klerikalischen Interessen zu vertreten, stiftete er zu Paris ein Journal, betitelt: *Le catholique*. Nicht bloß in diesem Blatte, sondern auch in den Salons einiger frommen Douairièren des edlen Faubourgs, sprach der gelehrte Edelmann beständig von Buddha und wieder von Buddha, und weitläuftig gründlich bewies er, daß es zwey Buddha gegeben, was ihm die Franzosen schon auf sein bloßes Ehrenwort als Edelmann geglaubt hätten, und er wies nach, wie sich das Dogma der Trinität schon in den indischen Trimurtis befunden, und er zitirte den Ramayana, den Mahabarata, die Upnekats, die Kuh Sabala und den König Wiswamitra, die snorrische Edda und noch viele unentdeckte Fossilien und Mammutsknochen, und er war dabey ganz antediluvianisch trocken und sehr langweilig, was immer die Franzosen blendet. Da er beständig zurückkam auf Buddha und dieses Wort vielleicht komisch aussprach, haben ihn die frivolen Franzosen zuletzt den Baron Buddha genannt. Unter diesem Namen fand ich ihn im Jahre 1831 zu Paris, und als ich ihn mit einer sacerdotalen und fast synagogikalen Gravität seine Gelehrsamkeit ableyern hörte, erinnerte er mich an einen komischen Kauz im *Vicar of Wakefield* von Goldsmith, welcher, wie ich glaube, *Mr. Jenkinson* hieß und jedesmal, wenn er einen Gelehrten antraf, den er prellen wollte, einige Stellen aus Manetho, Berosus und Sanchuniaton citirte; das Sanskrit war damals noch nicht erfunden. – Ein deutscher Baron idealern Schlages war mein armer Freund Friedrich de la Motte Fouqué, welcher damals, der Collekzion der Frau von Staël angehörend, auf seiner hohen Rosinante in Paris einritt. Er war ein Don Quixote vom Wirbel bis zur Zehe; las man seine Werke, so bewunderte man – Cervantes.

Aber unter den französischen Paladinen der Frau von Staël war mancher gallische Don Quixote, der unsern germanischen Rittern in der Narrheit nicht nachzustehen brauchte, z. B. ihr Freund, der Vicomte Chateaubriand, der Narr mit der schwarzen Schellenkappe, der zu jener Zeit der siegenden Romantik von seiner frommen Pilgerfahrt zurückkehrte. Er brachte eine ungeheur große Flasche Wasser aus dem Jordan mit nach Paris, und seine im Laufe der Revoluzion wieder heidnisch gewordenen Landsleute taufte er aufs neue mit diesem heiligen Wasser, und die begossenen Franzosen wurden jetzt wahre Christen und entsagten dem Satan und seinen Herrlichkeiten, bekamen im Reiche des Himmels Ersatz für die Eroberungen, die sie auf Erden einbüßten, worunter z. B. die Rheinlande, und bey dieser Gelegenheit wurde ich ein Preuße.

Ich weiß nicht, ob die Geschichte begründet ist, daß Frau von Staël während der hundert Tage dem Kaiser den Antrag machen ließ, ihm den Beystand ihrer Feder zu leihen, wenn er zwey Millionen, die Frankreich ihrem Vater schuldig geblieben sey, ihr auszahlen wolle. Der Kaiser, der mit dem Gelde der Franzosen, die er genau kannte, immer sparsamer war, als mit ihrem Blute, soll sich auf diesen Handel nicht eingelassen

118

haben, und die Tochter der Alpen bewährte das Volkswort: *point d'argent, point de Suisses.* Der Beystand der talentvollen Dame hätte übrigens damals dem Kaiser wenig gefruchtet, denn bald darauf ereignete sich die Schlacht bey Waterloo.

Ich habe oben erwähnt, bey welcher traurigen Gelegenheit ich ein Preuße wurde. Ich war geboren im letzten Jahre des vorigen Jahrhunderts zu Düsseldorf, der Hauptstadt des Herzogthums Berg, welches damals den Kurfürsten von der Pfalz gehörte. Als die Pfalz dem Hause Bayern anheimfiel und der bayrische Fürst Maximilian Joseph vom Kaiser zum König von Bayern erhoben und sein Reich durch einen Theil von Tyrol und andern angrenzenden Ländern vergrößert wurde, hat der König von Bayern das Herzogthum Berg zu Gunsten Joachim Mürats, Schwagers des Kaisers, abgetreten; diesem letztern ward nun, nachdem seinem Herzogthum noch angrenzende Provinzen hinzugefügt worden, als Großherzog von Berg gehuldigt. Aber zu jener Zeit ging das Avancement sehr schnell, und es dauerte nicht lange, so machte der Kaiser den Schwager Mürat zum König von Neapel, und derselbe entsagte der Souverainität des Großherzogthums Berg zu Gunsten des Prinzen Napoléon-Louis, welcher ein Neffe des Kaisers und ältester Sohn des Königs Ludwig von Holland und der schönen Königinn Hortense war. Da derselbe nie abdicirte, und sein Fürstenthum, das von den Preußen occupirt ward, nach seinem Ableben dem Sohne des Königs von Holland, dem Prinzen Louis Napoleon Bonaparte *de jure* zufiel, so ist letzterer, welcher jetzt auch Kaiser der Franzosen ist, mein legitimer Souverain.

An einem andern Orte, in meinen Memoiren, erzähle ich weitläufiger als es hier geschehen dürfte, wie ich nach der Juliusrevoluzion nach Paris übersiedelte, wo ich seitdem ruhig und zufrieden lebe. Was ich während der Restaurazion gethan und gelitten, wird ebenfalls zu einer Zeit mitgetheilt werden, wo die uneigennützige Absicht solcher Mittheilungen keinem Zweifel und keiner Verdächtigung begegnen kann. — Ich hatte viel gethan und gelitten, und als die Sonne der Juliusrevoluzion in Frankreich aufging, war ich nachgerade sehr müde geworden und bedurfte einiger Erholung. Auch ward mir die heimathliche Luft täglich ungesunder, und ich mußte ernstlich an eine Veränderung des Climas denken. Ich hatte Visionen; die Wolkenzüge ängstigten mich und schnitten mir allerley fatale Fratzen. Es kam mir manchmal vor, als sey die Sonne eine preußische Cocarde; des Nachts träumte ich von einem häßlichen schwarzen Geyer, der mir die Leber fraß, und ich ward sehr melancholisch. Dazu hatte ich einen alten berliner Justizrath kennen gelernt, der viele Jahre auf der Festung Spandau zugebracht und mir erzählte, wie es unangenehm sey, wenn man im Winter die Eisen tragen müsse. Ich fand es in der That sehr unchristlich, daß man den Menschen die Eisen nicht ein bischen wärme. Wenn man uns die Ketten ein wenig wärmte, würden sie keinen so unangenehmen Eindruck machen, und selbst fröstelnde Naturen könnten sie dann gut ertragen; man sollte auch die Vorsicht anwenden, die Ketten mit Essenzen von Rosen und Lorbeeren zu parfümiren, wie es hier zu Lande geschieht. Ich frug meinen Justizrath, ob er zu Spandau oft Austern zu essen bekommen? Er sagte nein, Spandau sey zu weit vom Meere entfernt. Auch das Fleisch, sagte er, sey dort rar, und es gebe dort kein anderes Geflügel, als die Fliegen, die einem in die Suppe fielen. Zu gleicher Zeit lernte ich einen französischen *commis voyageur* kennen, der für eine Weinhandlung reiste und mir nicht genug zu rühmen wußte, wie lustig man jetzt in Paris lebe, wie der Himmel dort voller Geigen hänge, wie man dort von Morgens bis Abends die Marseillaise und *En avant marchons* und *Lafayette aux cheveux blancs* singe, und Freyheit, Gleichheit und Brüderschaft an allen Straßenecken geschrieben stehe; dabey lobte er auch den

Champagner seines Hauses, von dessen Adresse er mir eine große Anzahl Exemplare gab, und er versprach mir Empfehlungsbriefe für die besten Pariser Restaurants, im Fall ich die Hauptstadt zu meiner Erheiterung besuchen wollte. Da ich nun wirklich einer Aufheiterung bedurfte, und Spandau zu weit vom Meere entfernt ist, um dort Austern zu essen, und mich die Spandauer Geflügelsuppen nicht sehr lockten, und auch obendrein die preußischen Ketten im Winter sehr kalt sind und meiner Gesundheit nicht zuträglich seyn konnten, so entschloß ich mich, nach Paris zu reisen und im Vaterland des Champagners und der Marseillaise jenen zu trinken und diese letztere, nebst *En avant marchons* und *La fayette aux cheveux blancs,* singen zu hören.

Den 1. May 1831 fuhr ich über den Rhein. Den alten Flußgott, den Vater Rhein, sah ich nicht, und ich begnügte mich, ihm meine Visitenkarte ins Wasser zu werfen. Er saß, wie man mir sagte, in der Tiefe und studirte wieder die französische Grammatik von Meidinger, weil er nemlich während der preußischen Herrschaft große Rückschritte im Französischen gemacht hatte, und sich jetzt eventualiter aufs neue einüben wollte. Ich glaubte, ihn unten conjugiren zu hören: *j'aime, tu aime, il aime, nous aimons* – Was liebt er aber? In keinem Fall die Preußen. Den Straßburger Münster sah ich nur von fern; er wackelte mit dem Kopfe, wie der alte getreue Eckart, wenn er einen jungen Fant erblickt, der nach dem Venusberge zieht.

Zu Saint-Denis erwachte ich aus einem süßen Morgenschlafe, und hörte zum ersten Mahle den Ruf der Coucouführer: Paris! Paris! so wie auch das Schellengeklingel der Coco-Verkäufer. Hier athmet man schon die Luft der Hauptstadt, die am Horizonte bereits sichtbar. Ein alter Schelm von Lohnbedienter wollte mich bereden, die Königsgräber zu besuchen, aber ich war nicht nach Frankreich gekommen, um todte Könige zu sehen; ich begnügte mich damit, mir von jenem Cicerone die Legende des Ortes erzählen zu lassen, wie nemlich der böse Heidenkönig dem Heiligen Denis den Kopf abschlagen ließ, und dieser mit dem Kopf in der Hand von Paris nach Saint-Denis lief, um sich dort begraben und den Ort nach seinem Namen nennen zu lassen. Wenn man die Entfernung bedenke, sagte mein Erzähler, müsse man über das Wunder staunen, daß jemand so weit zu Fuß ohne Kopf gehen konnte – doch setzte er mit einem sonderbaren Lächeln hinzu: *dans des cas pareils, il n'y a que le premier pas qui coute.* Das war zwey Franken werth, und ich gab sie ihm, *pour l'amour de Voltaire.* In zwanzig Minuten war ich in Paris, und zog ein durch die Triumphpforte des Boulevards Saint-Denis, die ursprünglich zu Ehren Ludwigs XIV. errichtet worden, jetzt aber zur Verherrlichung meines Einzugs in Paris diente. Wahrhaft überraschte mich die Menge von geputzten Leuten, die sehr geschmackvoll gekleidet waren wie Bilder eines Modejournals. Dann imponirte mir, daß sie alle französisch sprachen, was bey uns ein Kennzeichen der vornehmen Welt; hier ist also das ganze Volk so vornehm wie bey uns der Adel. Die Männer waren alle so höflich, und die schönen Frauen so lächelnd. Gab mir jemand unversehens einen Stoß, ohne gleich um Verzeihung zu bitten, so konnte ich darauf wetten, daß es ein Landsmann war; und wenn irgend eine Schöne etwas allzu säuerlich aussah, so hatte sie entweder Sauerkraut gegessen, oder sie konnte Klopstock im Original lesen. Ich fand alles so amüsant, und der Himmel war so blau und die Luft so liebenswürdig, so generös, und dabey flimmerten noch hie und da die Lichter der Julisonne; die Wangen der schönen Lutezia waren noch roth von den Flammenküssen dieser Sonne, und an ihrer Brust war noch nicht ganz verwelkt der bräutliche Blumenstrauß. An den Straßenecken waren freylich hie und da die *liberté, égalité, fraternité* schon wieder abgewischt. Ich besuchte sogleich die Restaurants, denen ich empfohlen war; diese Speisewirthe versicherten mir, daß sie mich auch ohne Empfehlungsschreiben gut aufgenommen hätten, da ich ein so honettes und distinguirtes Aeußere besäße, das sich von selbst empfehle. Nie hat mir ein deutscher Garkoch dergleichen gesagt, wenn er auch eben so dachte; so ein Flegel meint, er müsse uns das Angenehme verschweigen, und seine deutsche Offenheit verpflichte ihn, nur widerwärtige Dinge uns ins Gesicht zu sagen. In den Sitten und sogar in der Sprache der Franzosen ist so viel köstliche Schmeicheley, die so wenig kostet, und doch so wohlthätig und erquickend. Meine Seele, die arme Sensitive, welche die Scheu vor vaterländischer Grobheit so sehr zusammengezogen hatte, erschloß sich wieder jenen schmeichlerischen Lauten der französischen Urbanität. Gott hat uns die Zunge gegeben, damit wir unsern Mitmenschen etwas Angenehmes sagen.

Mit dem Französischen haperte es etwas bey meiner Ankunft; aber nach einer halbstündigen Unterredung mit einer kleinen Blumenhändlerinn im Passage des Panoramas ward mein Französisch, das seit der Schlacht bey Waterloo eingerostet war, wieder flüssig, ich stotterte mich wieder hinein in die galantesten Conjugazionen und erklärte der Kleinen sehr verständlich das Linnéische System, wo man die Blumen nach ihren Staubfäden eintheilt; die Kleine folgte einer andern Methode und theilte die Blumen ein in solche die gut röchen und in solche welche stänken. Ich glaube, auch bey den Männern beobachtete sie dieselbe Klassifikazion. Sie war erstaunt, daß ich trotz meiner Jugend so gelehrt sey, und posaunte meinen gelehrten Ruf im ganzen Passage des Panoramas. Ich sog auch hier die Wohldüfte der Schmeicheley mit Wonne ein, und amüsirte mich sehr. Ich wandelte auf Blumen, und manche gebratene Taube flog mir ins offne, gaffende Maul. Wie viel Amüsantes sah ich hier bey meiner Ankunft! Alle Notabili-

täten des öffentlichen Ergötzens und der offiziellen Lächer-
lichkeit. Die ernsthaften Franzosen waren die amüsantesten.
Ich sah Arnal, Bouffé, Déjazet, Debürau, Odry, Mademoiselle
Georges und die große Marmite im Invalidenpalaste. Ich sah
die Morgue, die *académie française*, wo ebenfalls viele unbekannte Leichen ausgestellt, und endlich die Nekropolis des
Luxemburg, worin alle Mumien des Meineids, mit den ein-
balsamirten falschen Eiden, die sie allen Dynastien der französischen Pharaonen geschworen. Ich sah im Jardin-des-Plantes
die Giraffe, den Bock mit drey Beinen und die Kängurus, die
mich ganz besonders amüsirten. Ich sah auch Herrn von Lafayette und seine weißen Haare, letztere aber sah ich aparte, da
solche in einem Medaillon befindlich waren, welches einer
schönen Dame am Halse hing, während er selbst, der Held
beider Welten, eine braune Perücke trug, wie alle alte Franzosen. Ich besuchte die königliche Bibliothek, und sah hier den
Conservateur der Medaillen, die eben gestohlen worden; ich
sah dort auch in einem obscuren Corridor den Zodiakus von
Dhontera, der einst so viel Aufsehen erregt hatte, und am selben Tage sah ich Madame Recamier, die berühmteste Schönheit zur Zeit der Merovinger, sowie auch Herrn Ballanche, der
zu den *pièces justificatives* ihrer Tugend gehörte, und den sie
seit undenklicher Zeit überall mit sich herumschleppte. Leider
sah ich nicht Herrn von Chateaubriand, der mich gewiß amü-
sirt hätte. Dafür sah ich aber in der *grande Chaumière* den *père*
Lahire, in einem Momente, wo er *bougrement en colère* war;
er hatte eben zwey junge Robespierre mit weit aufgeklapp-
ten weißen Tugendwesten bey den Krägen erfaßt und vor die
Thüre gesetzt; einen kleinen Saint-Just, der sich mausig machte, schmiß er ihnen nach, und einige hübsche Citoyennes des
Quartier Latin, welche über Verletzung der Menschheitsrech-
te klagten, hätte schier dasselbe Schicksal betroffen. In einem
andern, ähnlichen Lokal sah ich den berühmten Chicard, den

berühmten Lederhändler und Cancantänzer, eine vierschröti-
ge Figur, deren rothaufgedunsenes Gesicht gegen die blendend
weiße Cravatte vortrefflich abstach; steif und ernsthaft glich er
einem Mairie-Adjuncten, der sich eben anschickt, eine Ro-
sière zu bekränzen. Ich bewunderte seinen Tanz, und ich sagte
ihm, daß derselbe große Aehnlichkeit habe mit dem antiken
Silenostanz, den man bey den Dionysien tanzte, und der von
dem würdigen Erzieher des Bacchus, dem Silenos, seinen Namen empfangen. Herr Chicard sagte mir viel Schmeichelhaf-
tes über meine Gelehrsamkeit und präsentirte mich einigen
Damen seiner Bekanntschaft, die ebenfalls nicht ermangelten,
mein gründliches Wissen herumzurühmen, so daß sich bald
mein Ruf in ganz Paris verbreitete, und die Direktoren von
Zeitschriften mich aufsuchten, um meine Collaborazion zu
gewinnen.

Zu den Personen, die ich bald nach meiner Ankunft in Paris sah, gehört auch Victor Bohain, und ich erinnere mich
mit Freude dieser jovialen, geistreichen Figur, die durch lie-
benswürdige Anregungen viel dazu beytrug, die Stirne des
deutschen Träumers zu entwölken und sein vergrämtes Herz
in die Heiterkeit des französischen Lebens einzuweihen. Er
hatte damals die *Europe littéraire* gestiftet, und als Direktor
derselben kam er zu mir mit dem Ansuchen, einige Artikel
über Deutschland in dem Genre der Frau von Staël für seine Zeitschrift zu schreiben. Ich versprach, die Artikel zu liefern, jedoch ausdrücklich bemerkend, daß ich sie in einem
ganz entgegengesetzten Genre schreiben würde. »Das ist mir
gleich« – war die lachende Antwort – »außer dem *genre ennuyeux* gestatte ich wie Voltaire jedes Genre.« Damit ich armer
Deutscher nicht in das *genre ennuyeux* verfiele, lud Freund Bohain mich oft zu Tische und begoß meinen Geist mit Champagner. Niemand wußte besser wie er ein Diner anzuord-
nen, wo man nicht bloß die beste Küche, sondern auch die

köstlichste Unterhaltung genoß; niemand wußte so gut wie er als Wirth die Honneurs zu machen, niemand so gut zu repräsentiren, wie Victor Bohain – auch hat er gewiß mit Recht seinen Actionären der *Europe littéraire* hunderttausend Franken Repräsentazionskosten angerechnet. Seine Frau war sehr hübsch und besaß ein niedliches Windspiel, welches Ji-Ji hieß. Zu dem Humor des Mannes trug sogar sein hölzernes Bein etwas bey, und wenn er allerliebst um den Tisch herumhumpelnd seinen Gästen Champagner einschenkte, glich er dem Vulkan, als derselbe das Amt Hebes verrichtete in der jauchzenden Götterversammlung. Wo ist er jetzt? Ich habe lange nichts von ihm gehört. Zuletzt, vor etwa zehn Jahren, sah ich ihn in einem Wirthshause zu Grandville; er war von England, wo er sich aufhielt um die colossale englische Nazionalschuld zu studiren und bey dieser Gelegenheit seine kleinen Privatschulden zu vergessen, nach jenem Hafenstädtchen der Basse-Normandie auf einen Tag herübergekommen, und hier fand ich ihn an einem Tischchen sitzend neben einer Bouteille Champagner und einem vierschrötigen Spießbürger mit kurzer Stirn und aufgesperrtem Maule, dem er das Projekt eines Geschäftes auseinandersetzte, woran, wie Bohain mit beredsamen Zahlen bewies, eine Million zu gewinnen war. Bohains spekulativer Geist war immer sehr groß, und wenn er ein Geschäft erdachte, stand immer eine Million Gewinn in Aussicht, nie weniger als eine Million. Die Freunde nannten ihn daher auch Messer Millione, wie einst Marco Paulo in Venedig genannt wurde, als derselbe nach seiner Rückkehr aus dem Morgenlande den maulaufsperrenden Landsleuten unter den Arkaden des Sankt Marco-Platzes von den hundert Millionen und wieder hundert Millionen Einwohnern erzählte, welche er in den Ländern, die er bereist, in China, der Tartarey, Indien u. s. w., gesehen habe. Die neuere Geographie hat den berühmten Venezianer, den man lange für einen Aufschneider hielt, wieder zu Ehren gebracht, und auch von unserm Pariser Messer Millione dürfen wir behaupten, daß seine industriellen Projekte immer großartig richtig ersonnen waren, und nur durch Zufälligkeiten in der Ausführung mißlangen; manche brachten große Gewinne, als sie in die Hände von Personen kamen, die nicht so gut die Honneurs eines Geschäftes zu machen, die nicht so prachtvoll zu repräsentiren wußten, wie Victor Bohain. Auch die *Europe littéraire* war eine vortreffliche Concepzion, ihr Erfolg schien gesichert, und ich habe ihren Untergang nie begriffen. Noch den Vorabend des Tages, wo die Stockung begann, gab Victor Bohain in den Redakzionssälen des Journals einen glänzenden Ball, wo er mit seinen dreyhundert Actionären tanzte, ganz so wie einst Leonidas mit seinen dreyhundert Spartanern den Tag vor der Schlacht bey den Thermopylen. Jedesmal wenn ich in der Gallerie des Louvre das Gemälde von David sehe, welches diese antik heroische Scene darstellt, denke ich an den erwähnten letzten Tanz des Victor Bohain; ganz ebenso wie der todesmuthige König des Davidischen Bildes stand er auf einem Beine; es war dieselbe classische Stellung. – Wanderer! wenn du in Paris die Chaussée d'Antin nach den Boulevards herabwandelst, und dich am Ende bey einem schmutzigen Thal, das die *rue basse du rempart* geheißen, befindest, wisse! du stehst hier vor den Thermopylen der *Europe littéraire,* wo Victor Bohain heldenkühn fiel mit seinen dreyhundert Actionären!

Die Aufsätze, die ich, wie gesagt, für jene Zeitschrift zu verfassen hatte und darin abdrucken ließ, gaben mir Veranlassung, in weiterer Ausführung über Deutschland und seine geistige Entwickelung mich auszusprechen, und es entstand dadurch das Buch, das du, theurer Leser! jetzt in Händen hast. Ich wollte nicht bloß seinen Zweck, seine Tendenz, seine geheimste Absicht, sondern auch die Genesis des Buches hier offenbaren, damit jeder um so sicherer ermitteln könne, wie viel Glauben und Zutrauen meine Mittheilungen verdienen. Ich schrieb nicht im Genre der Frau von Staël, und wenn ich mich auch bestrebte, so wenig ennüyant wie möglich zu seyn, so verzichtete ich doch im Voraus auf alle Effekte des Stiles und der Phrase, die man bey Frau von Staël, dem größten Autor Frankreichs während dem Empire, in so hohem Grade antrifft. Ja, die Verfasserinn der Corinne überragt nach meinem Bedünken alle ihre Zeitgenossen, und ich kann das sprühende Feuerwerk ihrer Darstellung nicht genug bewundern; aber dieses Feuerwerk läßt leider eine übelriechende Dunkelheit zurück, und wir müssen eingestehen, ihr Genie ist nicht so geschlechtlos, wie nach der früheren Behauptung der Frau von Staël das Genie seyn soll; ihr Genie ist ein Weib, besitzt alle Gebrechen und Launen des Weibes, und es war meine Pflicht als Mann, dem glänzenden Cancan dieses Genies zu widersprechen. Es war um so nothwendiger, da die Mittheilungen in ihrem Buch *de l'Allemagne* sich auf Gegenstände bezogen, die den Franzosen unbekannt waren und den Reitz der Neuheit besaßen, z. B. alles was Bezug hat auf deutsche Philosophie und romantische Schule. Ich glaube in meinem Buch absonderlich über erstere die ehrlichste Auskunft ertheilt zu haben, und die Zeit hat bestätigt, was damals, als ich es vorbrachte, unerhört und unbegreiflich schien.

Ja, was die deutsche Philosophie betrifft, so hatte ich unumwunden das Schulgeheimniß ausgeplaudert, das, eingewickelt in scholastische Formeln, nur den Eingeweihten der ersten Classe bekannt war. Meine Offenbarungen erregten hier zu Lande die größte Verwunderung, und ich erinnere mich, daß sehr bedeutende französische Denker mir naiv gestanden, sie hätten immer geglaubt, die deutsche Philosophie sey ein gewisser mystischer Nebel, worinn sich die Gottheit wie in einer heiligen Wolkenburg verborgen halte, und die deutschen Philosophen seyen ekstatische Seher, die nur Frömmigkeit und Gottesfurcht athmeten. Es ist nicht meine Schuld, daß dieses nie der Fall gewesen, daß die deutsche Philosophie just das Gegentheil ist von dem, was wir bisher Frömmigkeit und Gottesfurcht nannten, und daß unsre modernsten Philosophen den vollständigsten Atheismus als das letzte Wort unsrer deutschen Philosophie proklamirten. Sie rissen schonungslos und mit bacchantischer Lebenslust den blauen Vorhang vom deutschen Himmel, und riefen: sehet, alle Gottheiten sind entflohen, und dort oben sitzt nur noch eine alte Jungfer mit bleyernen Händen und traurigem Herzen: die Nothwendigkeit.

Ach! was damals so befremdlich klang, wird jetzt jenseits des Rheins auf allen Dächern gepredigt, und der fanatische Eifer mancher dieser Prädikanten ist entsetzlich! Wir haben jetzt fanatische Mönche des Atheismus, Großinquisitoren des Unglaubens, die den Herrn von Voltaire verbrennen lassen würden, weil er doch im Herzen ein verstockter Deist gewesen. So lange solche Doktrinen noch Geheimgut einer Aristokratie von Geistreichen blieben und in einer vornehmen Coterie-Sprache besprochen wurden, welche den Bedienten, die aufwartend hinter uns standen, während wir bey unsern philosophischen Petits-Soupers blasphemirten, unverständlich war – so lange gehörte auch ich zu den leichtsinnigen Esprits-Forts, wovon die meisten jenen liberalen Grands-Seigneurs glichen, die kurz vor der Revoluzion mit den neuen Umsturz-Ideen die Langeweile ihres müßigen Hoflebens zu verscheuchen suchten. Als ich aber merkte, daß die rohe Plebs, der Jan Hagel, ebenfalls dieselben Themata zu diskutiren begann in seinen schmutzigen Symposien, wo statt der Wachskerzen und Girandolen nur Talglichter und Thranlampen leuchteten, als ich sah, daß Schmierlappen von Schuster- und Schneidergesellen in ihrer plumpen Herbergsprache die Existenz Gottes zu läugnen sich unterfingen – als der Atheismus anfing, sehr stark nach Käse, Branntwein und Tabak zu stinken: da gingen mir plötzlich die Augen auf, und was ich nicht durch meinen Verstand begriffen hatte, das begriff ich jetzt durch den Geruchssinn, durch das Mißbehagen des Ekels, und mit meinem Atheismus hatte es, gottlob! ein Ende.

Um die Wahrheit zu sagen, es mochte nicht bloß der Ekel seyn, was mir die Grundsätze der Gottlosen verleidete und meinen Rücktritt veranlaßte. Es war hier auch eine gewisse weltliche Besorgniß im Spiel, die ich nicht überwinden konnte; ich sah nemlich, daß der Atheismus ein mehr oder minder geheimes Bündniß geschlossen mit dem schauderhaft nacktesten, ganz feigenblattlosen, communen Communismus. Meine Scheu vor dem letztern hat wahrlich nichts gemein mit der Furcht des Glückspilzes, der für seine Capitalien zittert, oder mit dem Verdruß der wohlhabenden Gewerbsleute, die in ihren Ausbeutungsgeschäften gehemmt zu werden fürchten: nein, mich beklemmt vielmehr die geheime Angst des Künstlers und des Gelehrten, die wir unsre ganze moderne Civilisazion, die mühselige Errungenschaft so vieler Jahrhunderte, die Frucht der edelsten Arbeiten unsrer Vorgänger, durch den Sieg des Communismus bedroht sehen. Fortgerissen von der Strömung großmüthiger Gesinnung mögen wir immerhin die Interessen der Kunst und Wissenschaft, ja alle unsre Partikularinteressen dem Gesammtinteresse des leidenden und unterdrückten Volkes aufopfern: aber wir können uns nimmermehr verhehlen, wessen wir uns zu gewärtigen haben, sobald die große rohe Masse, welche die Einen das Volk, die Andern den Pöbel nennen, und deren legitime Souverainität bereits längst proklamirt worden, zur wirklichen Herrschaft käme. Ganz besonders empfindet der Dichter ein unheimliches Grauen vor dem Regierungsantritt dieses täppischen Souverains. Wir wollen gern für das Volk uns opfern, denn Selbstaufopferung gehört zu unsern raffinirtesten Genüssen – die Emanzipazion des Volkes war die große Aufgabe unseres Lebens und wir haben dafür gerungen und namenloses Elend ertragen, in der Heimath wie im Exile – aber die reinliche, sensitive Natur des Dichters sträubt sich gegen jede persönlich nahe Berührung mit dem Volke, und noch mehr schrecken wir zusammen bey dem Gedanken an seine Liebkosungen, vor denen uns Gott bewahre! Ein großer Demokrat sagte einst: er würde, hätte ein König ihm die Hand gedrückt, sogleich seine Hand ins Feuer halten, um sie zu reinigen. Ich möchte in derselben Weise sagen: ich würde meine Hand waschen, wenn mich das souveraine Volk mit seinem Händedruck beehrt hätte.

O das Volk, dieser arme König in Lumpen, hat Schmeichler gefunden, die viel schamloser, als die Höflinge von Byzanz und Versailles, ihm ihren Weihrauchkessel an den Kopf schlugen. Diese Hoflakayen des Volkes rühmen beständig seine Vortrefflichkeiten und Tugenden, und rufen begeistert: wie schön ist das Volk! wie gut ist das Volk! wie intelligent ist das Volk! – Nein, Ihr lügt. Das arme Volk ist nicht schön; im Gegentheil, es ist sehr häßlich. Aber diese Häßlichkeit entstand durch den Schmutz und wird mit demselben schwinden, sobald wir öffentliche Bäder erbauen, wo Seine Majestät das Volk sich unentgeltlich baden kann. Ein Stückchen Seife könnte dabey nicht schaden, und wir werden dann ein Volk sehen, das hübsch propre ist, ein Volk, das sich gewaschen hat. Das Volk, dessen Güte so sehr gepriesen wird, ist gar nicht gut; es ist manchmal so böse wie einige andere Potentaten. Aber seine Boßheit kommt vom Hunger; wir müssen sorgen, daß das souveraine Volk immer zu essen habe; sobald allerhöchst dasselbe gehörig gefüttert und gesättigt seyn mag, wird es Euch auch huldvoll und gnädig anlächeln, ganz wie die Andern. Seine Majestät das Volk ist ebenfalls nicht sehr intelligent; es ist vielleicht dümmer als die Andern, es ist fast so bestialisch dumm wie seine Günstlinge. Liebe und Vertrauen schenkt es nur denjenigen, die den Jargon seiner Leidenschaft reden oder heulen, während es jeden braven Mann haßt, der die Sprache der Vernunft mit ihm spricht, um es zu erleuchten und zu veredeln. So ist es in Paris, so war es in Jerusalem. Laßt dem Volk die Wahl zwischen dem Gerechtesten der Gerechten und dem scheußlichsten Straßenräuber, seyd sicher, es ruft: »Wir wollen den Barrabas! Es lebe der Barrabas!« – Der Grund dieser Verkehrtheit ist die Unwissenheit; dieses Nazionalübel müssen wir zu tilgen suchen durch öffentliche Schulen für das Volk, wo ihm der Unterricht auch mit den dazu gehörigen Butterbrödten und sonstigen Nahrungsmitteln unentgeltlich ertheilt werde. – Und wenn jeder im Volke in den Stand gesetzt ist, sich alle beliebigen Kenntnisse zu erwerben, werdet Ihr bald auch ein intelligentes Volk sehen. – Vielleicht wird dasselbe am Ende noch so gebildet, so geistreich, so witzig seyn, wie wir es sind, nemlich wie ich und du, mein theurer Leser, und wir bekommen bald noch andre gelehrte Friseure, welche Verse machen wie Monsieur Jasmin zu Toulouse, und noch viele andre philosophische Flickschneider, welche ernsthafte Bücher schreiben, wie unser Landsmann, der famose Weitling.

Bey dem Namen dieses famosen Weitling taucht mir plötzlich mit all ihrem komischen Ernste die Scene meines ersten und letzten Zusammentreffens mit dem damaligen Tageshelden wieder im Gedächtniß herauf. Der liebe Gott, der von der Höhe seiner Himmelsburg alles sieht, lachte wohl herzlich über die saure Miene, die ich geschnitten haben muß, als mir in dem Buchladen meines Freundes Campe zu Hamburg der berühmte Schneidergesell entgegentrat und sich als einen Collegen ankündigte, der sich zu denselben revoluzionären und atheistischen Doktrinen bekenne. Ich hätte wirklich in diesem Augenblick gewünscht, daß der liebe Gott gar nicht existirt haben möchte, damit er nur nicht die Verlegenheit und Beschämung sähe, worin mich eine solche saubre Genossenschaft versetzte! Der liebe Gott hat mir gewiß alle meine alten Frevel von Herzen verziehen, wenn er die Demüthigung in Anschlag brachte, die ich bey jenem Handwerksgruß des ungläubigen Knotenthums, bey jenem kollegialischen Zusammentreffen mit Weitling empfand. Was meinen Stolz am meisten verletzte, war der gänzliche Mangel an Respekt, den der Bursche an den Tag legte, während er mit mir sprach. Er behielt die Mütze auf dem Kopf, und während ich vor ihm stand, saß er auf einer kleinen Holzbank, mit der einen Hand sein zusammengezogenes rechtes Bein in die Höhe haltend, so daß er mit dem Knie fast sein Kinn berührte; mit der andern Hand rieb er beständig dieses Bein oberhalb der Fußknöchel. Diese unehrerbietige Positur hatte ich anfangs den kauernden Handwerksgewöhnungen des Mannes zugeschrieben, doch er belehrte mich eines Bessern, als ich ihn befrug, warum er beständig in erwähnter Weise sein Bein riebe? Er sagte mir nemlich im unbefangen gleichgültigsten Tone, als handle es sich von einer Sache die ganz natürlich, daß er in den verschiedenen deutschen Gefängnissen, worin er gesessen, gewöhnlich mit Ketten belastet worden sey; und da manchmal der eiserne Ring, welcher das Bein anschloß, etwas zu eng gewesen, habe er an jener Stelle eine juckende Empfindung bewahrt, die ihn zuweilen veranlasse, sich dort zu reiben. Bey diesem naiven Geständniß muß der Schreiber dieser Blätter ungefähr so ausgesehen haben, wie der Wolf in der äsopischen Fabel, als er seinen Freund den Hund befragt hatte, warum das Fell an seinem Halse so abgescheuert sey, und dieser zur Antwort gab: des Nachts legt man mich an die Kette. – Ja, ich gestehe, ich wich einige Schritte zurück, als der Schneider solchermaßen mit seiner widerwärtigen Familiarität von den Ketten sprach, womit ihn die deutschen Schließer zuweilen belästigten, wenn er im Loch saß – »Loch! Schließer! Ketten!« lauter fatale Coterieworte einer geschlossenen Gesellschaft, womit man mir eine schreckliche Vertrautheit zumuthete. Und es war hier nicht die Rede von jenen metaphorischen Ketten, die jetzt die ganze Welt trägt, die man mit dem größten Anstand tragen kann, und die sogar bey Leuten von gutem Ton in die Mode gekommen – nein, bey den Mitgliedern jener geschlossenen Gesellschaft sind Ketten gemeint in ihrer eisernsten Bedeutung, Ketten, die man mit einem eisernen Ring ans Bein befestigt und ich wich einige Schritte zurück, als der Schneider Weitling von solchen Ketten sprach. Nicht etwa die Furcht vor dem Sprichwort: mitgefangen, mitgehangen! nein, mich schreckte vielmehr das Nebeneinandergehenkt werden.

Dieser Weitling, der jetzt verschollen, war übrigens ein Mensch von Talent; es fehlte ihm nicht an Gedanken, und sein Buch, betitelt: »die Garantien der Gesellschaft«, war lange Zeit der Katechismus der deutschen Communisten. Die Anzahl dieser letztern hat sich in Deutschland während der letzten Jahre ungeheur vermehrt, und diese Parthey ist zu dieser Stunde unstreitig eine der mächtigsten jenseits des Rheines. Die Handwerker bilden den Kern einer Unglaubens-Armee, die vielleicht nicht sonderlich disciplinirt, aber in doktrineller Beziehung ganz vorzüglich einexerzirt ist. Diese deutschen Handwerker bekennen sich größtentheils zum krassesten Atheismus, und sie sind gleichsam verdammt, dieser trostlosen Negazion zu huldigen, wenn sie nicht in einen Widerspruch mit ihrem Prinzip und somit in völlige Ohnmacht verfallen wollen. Diese Cohorten der Zerstörung, diese Sapeure, deren Axt das ganze gesellschaftliche Gebäude bedroht, sind den Gleichmachern und Umwälzern in andern Ländern unendlich überlegen, wegen der schrecklichen Consequenz ihrer Doktrin; denn in dem Wahnsinn, der sie antreibt, ist, wie Polonius sagen würde, Methode.

Das Verdienst, jene grauenhaften Erscheinungen, welche erst

später eintrafen, in meinem Buche de l'Allemagne lange vorausgesagt zu haben, ist nicht von großem Belange. Ich konnte leicht prophezeyen, welche Lieder einst in Deutschland gepfiffen und gezwitschert werden dürften, denn ich sah die Vögel ausbrüten, welche später die neuen Sangesweisen anstimmten. Ich sah, wie Hegel mit seinem fast komisch ernsthaften Gesichte als Bruthenne auf den fatalen Eyern saß, und ich hörte sein Gackern. Ehrlich gesagt, selten verstand ich ihn, und erst durch späteres Nachdenken gelangte ich zum Verständniß seiner Worte. Ich glaube, er wollte gar nicht verstanden seyn, und daher sein verklausulirter Vortrag, daher vielleicht auch seine Vorliebe für Personen, von denen er wußte, daß sie ihn nicht verständen, und denen er um so bereitwilliger die Ehre seines näheren Umgangs gönnte. So wunderte sich jeder in Berlin über den intimen Verkehr des tiefsinnigen Hegel mit dem verstorbenen Heinrich Beer, einem Bruder des durch seinen Ruhm allgemein bekannten und von den geistreichsten Journalisten gefeyerten Giacomo Meyerbeer. Jener Beer, nemlich der Heinrich, war ein schier unkluger Gesell, der auch wirklich späterhin von seiner Familie für blödsinnig erklärt und unter Curatel gesetzt wurde, weil er anstatt sich durch sein großes Vermögen einen Namen zu machen in der Kunst oder Wissenschaft, vielmehr für läppische Schnurrpfeifereyen seinen Reichthum vergeudete und z. B. eines Tags für sechstausend Thaler Spatzierstöcke gekauft hatte. Dieser arme Mensch, der weder für einen großen Tragödiendichter, noch für einen großen Sterngucker, oder für ein lorbeerbekränztes musikalisches Genie, einen Nebenbuhler von Mozart und Rossini, gelten wollte und lieber sein Geld für Spatzierstöcke ausgab – dieser aus der Art geschlagene Beer genoß den vertrautesten Umgang Hegels, er war der Intimus des Philosophen, sein Pylades, und begleitete ihn überall wie sein Schatten. Der eben so witzige wie talentbegabte Felix Mendelssohn suchte einst dieses Phänomen zu erklären, indem er behauptete: Hegel verstände den Heinrich Beer nicht. Ich glaube aber jetzt, der wirkliche Grund jenes intimen Umgangs bestand darin, daß Hegel überzeugt war, Heinrich Beer verstände nichts von allem was er ihn reden höre, und er konnte daher in seiner Gegenwart sich ungenirt allen Geistesergießungen des Moments überlassen. Ueberhaupt war das Gespräch von Hegel immer eine Art von Monolog, stoßweis hervorgeseufzt mit klangloser Stimme; das Barocke der Ausdrücke frappirte mich oft, und von letztern blieben mir viele im Gedächtniß. Eines schönen hellgestirnten Abends standen wir beide neben einander am Fenster, und ich, ein zweyundzwanzigjähriger junger Mensch, ich hatte eben gut gegessen und Kaffee getrunken, und ich sprach mit Schwärmerey von den Sternen, und nannte sie den Aufenthalt der Seligen. Der Meister aber brümmelte vor sich hin: »Die Sterne, hum! hum! die Sterne sind nur ein leuchtender Aussatz am Himmel.« Um Gotteswillen – rief ich – es giebt also droben kein glückliches Lokal, um dort die Tugend nach dem Tode zu belohnen? Jener aber, indem er mich mit seinen bleichen Augen stier ansah, sagte schneidend: »Sie wollen also noch ein Trinkgeld dafür haben, daß Sie Ihre kranke Mutter gepflegt und Ihren Herrn Bruder nicht vergiftet haben?« – Bey diesen Worten sah er sich ängstlich um, doch er schien gleich wieder beruhigt, als er bemerkte, daß nur Heinrich Beer herangetreten war, um ihn zu einer Parthie Whist einzuladen.

Wie schwer das Verständniß der Hegelschen Schriften ist, wie leicht man sich hier täuschen kann, und zu verstehen glaubt, während man nur dialektische Formeln nachzuconstruiren gelernt, das merkte ich erst viele Jahre später hier in Paris, als ich mich damit beschäftigte, aus dem abstrakten Schul-Idiom jene Formeln in die Muttersprache des gesunden Verstandes und der allgemeinen Verständlichkeit, ins Französische, zu übersetzen.

Hier muß der Dolmetsch bestimmt wissen, was er zu sagen hat, und der verschämteste Begriff ist gezwungen, die mystischen Gewänder fallen zu lassen und sich in seiner Nacktheit zu zeigen. Ich hatte nemlich den Vorsatz gefaßt, eine allgemein verständliche Darstellung der ganzen Hegelschen Philosophie zu verfassen, um sie einer neuern Ausgabe meines Buches *de l'Allemagne* als Ergänzung desselben einzuverleiben. Ich beschäftigte mich während zwey Jahren mit dieser Arbeit, und es gelang mir nur mit Noth und Anstrengung, den spröden Stoff zu bewältigen und die abstraktesten Parthien so populär als möglich vorzutragen. Doch als das Werk endlich fertig war, erfaßte mich bey seinem Anblick ein unheimliches Grauen, und es kam mir vor, als ob das Manuskript mich mit fremden, ironischen, ja boßhaften Augen ansähe. Ich war in eine sonderbare Verlegenheit gerathen: Autor und Schrift paßten nicht mehr zusammen. Es hatte sich nemlich um jene Zeit der oberwähnte Widerwille gegen den Atheismus schon meines Gemüthes bemeistert, und da ich mir gestehen mußte, daß allen diesen Gottlosigkeiten die Hegelsche Philosophie den furchtbarsten Vorschub geleistet, ward sie mir äußerst unbehaglich und fatal. Ich empfand überhaupt nie eine allzugroße Begeisterung für diese Philosophie, und von Ueberzeugung konnte in Bezug auf dieselbe gar nicht die Rede seyn. Ich war nie abstrakter Denker, und ich nahm die Synthese der Hegelschen Doktrin ungeprüft an, da ihre Folgerungen meiner Eitelkeit schmeichelten. Ich war jung und stolz, und es that meinem Hochmuth wohl, als ich von Hegel erfuhr, daß nicht, wie meine Großmutter meinte, der liebe Gott, der im Himmel residirt, sondern ich selbst hier auf Erden der liebe Gott sey. Dieser thörigte Stolz übte keineswegs einen verderblichen Einfluß auf meine Gefühle, die er vielmehr bis zum Heroismus steigerte; und ich machte damals einen solchen Aufwand von Großmuth und Selbstaufopferung, daß ich dadurch die brillantesten Hochthaten jener guten Spießbürger der Tugend, die nur aus Pflichtgefühl handelten und nur den Gesetzen der Moral gehorchten, gewiß außerordentlich verdunkelte. War ich doch selber jetzt das lebende Gesetz der Moral und der Quell alles Rechtes und aller Befugniß. Ich war die Ursittlichkeit, ich war unsündbar, ich war die incarnirte Reinheit; die anrüchigsten Magdalenen wurden purifizirt durch die läuternde und sühnende Macht meiner Liebesflammen, und fleckenlos wie Lilien und erröthend wie keusche Rosen, mit einer ganz neuen Jungfräulichkeit, gingen sie hervor aus den Umarmungen des Gottes. Diese Restaurazionen beschädigter Magdthümer, ich gestehe es, erschöpften zuweilen meine Kräfte. Aber ich gab ohne zu feilschen, und unerschöpflich war der Born meiner Barmherzigkeit. Ich war ganz Liebe und war ganz frey von Haß. Ich rächte mich auch nicht mehr an meinen Feinden, da ich im Grunde keinen Feind mehr hatte oder vielmehr niemand als solchen anerkannte: für mich gab es jetzt nur noch Ungläubige, die an meiner Göttlichkeit zweifelten – Jede Unbill, die sie mir anthaten, war ein Sacrilegium, und ihre Schmähungen waren Blasphemien. – Solche Gottlosigkeiten konnte ich freylich nicht immer ungeahndet lassen, aber alsdann war es nicht eine menschliche Rache, sondern die Strafe Gottes, die den Sünder traf. Bey dieser höhern Gerechtigkeitspflege unterdrückte ich zuweilen mit mehr oder weniger Mühe alles gemeine Mitleid. Wie ich keine Feinde besaß, so gab es für mich auch keine Freunde, sondern nur Gläubige, die an meine Herrlichkeit glaubten, die mich anbeteten, auch meine Werke lobten, sowohl die versifizirten, wie die, welche ich in Prosa geschaffen, und dieser Gemeinde von wahrhaft Frommen und Andächtigen that ich sehr viel Gutes, zumal den jungen Devotinnen.

Aber die Repräsentazionskosten eines Gottes, der sich nicht lumpen lassen will und weder Leib noch Börse schont, sind ungeheur; um eine solche Rolle mit Anstand zu spielen, sind besonders zwey Dinge unentbehrlich: viel Geld und viel Gesundheit. Leider geschah es, daß eines Tages – im Februar 1848 – diese beiden Requisiten mir abhanden kamen, und meine Göttlichkeit gerieth dadurch sehr in Stocken. Zum Glück war das verehrungswürdige Publikum in jener Zeit mit so großen, unerhörten, fabelhaften Schauspielen beschäftigt, daß dasselbe die Veränderung, die damals mit meiner kleinen Person vorging, nicht besonders bemerken mochte. Ja, sie waren unerhört und fabelhaft, die Ereignisse in jenen tollen Februartagen, wo die Weisheit der Klügsten zu Schanden gemacht und die Auserwählten des Blödsinns aufs Schild gehoben wurden. Die Letzten wurden die Ersten, das Unterste kam zu oberst, sowohl die Dinge wie die Gedanken waren umgestürzt, es war wirklich die verkehrte Welt. – Wäre ich in dieser unsinnigen, auf den Kopf gestellten Zeit ein vernünftiger Mensch gewesen, so hätte ich gewiß durch jene Ereignisse meinen Verstand verloren, aber verrückt wie ich damals war, mußte das Gegentheil geschehen, und sonderbar! just in den Tagen des allgemeinen Wahnsinns kam ich selber wieder zur Vernunft! Gleich vielen anderen heruntergekommenen Göttern jener Umsturzperiode, mußte auch ich kümmerlich abdanken und in den menschlichen Privatstand wieder zurücktreten. Das war auch das Gescheiteste, das ich thun konnte. Ich kehrte zurück in die niedre Hürde der Gottesgeschöpfe, und ich huldigte wieder der Allmacht eines höchsten Wesens, das den Geschicken dieser Welt vorsteht, und das auch hinfüro meine eignen irdischen Angelegenheiten leiten sollte. Letztere waren während der Zeit, wo ich meine eigne Vorsehung war, in bedenkliche Verwirrung gerathen, und ich war froh, sie gleichsam einem himmlischen Intendanten zu übertragen, der sie mit seiner Allwissenheit wirklich viel besser besorgt. Die Existenz eines Gottes ward seitdem für mich nicht bloß ein Quell des Heils, sondern sie überhob mich auch aller jener quälerischen Rechnungsgeschäfte, die mir so verhaßt, und ich verdanke ihr die größten Ersparnisse. Wie für mich, brauche ich jetzt auch nicht mehr für andre zu sorgen, und seit ich zu den Frommen gehöre, gebe ich fast gar nichts mehr aus für Unterstützung von Hülfsbedürftigen; – ich bin zu bescheiden, als daß ich der göttlichen Fürsehung wie ehemals ins Handwerk pfuschen sollte, ich bin kein Gemeindeversorger mehr, kein Nachäffer Gottes, und meinen ehemaligen Klienten habe ich mit frommer Demuth angezeigt, daß ich nur ein armseliges Menschengeschöpf bin, eine seufzende Creatur, die mit der Weltregierung nichts mehr zu schaffen hat, und daß sie sich hinfüro in Noth und Trübsal an den Herrgott wenden müßten, der im Himmel wohnt, und dessen Budget eben so unermeßlich wie seine Güte ist, während ich armer Exgott sogar in meinen göttlichsten Tagen, um meinen Wohlthätigkeitsgelüsten zu genügen, sehr oft den Teufel an dem Schwanz ziehen mußte.

Tirer le diable par la queue ist in der That einer der glücklichsten Ausdrücke der französischen Sprache, aber die Sache selbst war höchst demüthigend für einen Gott. Ja, ich bin froh, meiner angemaßten Glorie entledigt zu seyn, und kein Philosoph wird mir jemals wieder einreden, daß ich ein Gott sey! Ich bin nur ein armer Mensch, der obendrein nicht mehr ganz gesund und sogar sehr krank ist. In diesem Zustand ist es eine wahre Wohlthat für mich, daß es jemand im Himmel giebt, dem ich beständig die Litaney meiner Leiden vorwimmern kann, besonders nach Mitternacht, wenn Mathilde sich zur Ruhe begeben, die sie oft sehr nöthig hat. Gottlob! in solchen Stunden bin ich nicht allein, und ich kann beten und flennen so viel ich will, und ohne mich zu geniren, und ich kann ganz mein Herz ausschütten vor dem Allerhöchsten und ihm Manches vertrauen, was wir sogar unsrer eignen Frau zu verschweigen pflegen. Nach obigen Geständnissen wird der geneigte Leser leichtlich begreifen, warum mir meine Arbeit über die Hegelsche Philosophie nicht mehr behagte. Ich sah gründlich ein, daß der Druck derselben weder dem Publikum noch dem Autor heilsam seyn konnte, ich sah ein, daß die magersten Spittelsuppen der christlichen Barmherzigkeit für die verschmachtende Menschheit noch immer erquicklicher seyn dürften, als das gekochte graue Spinnweb der Hegelschen Dialektik; – ja ich will Alles gestehen, ich bekam auf einmal eine große Furcht vor den ewigen Flammen – es ist frey-lich ein Aberglaube, aber ich hatte Furcht – und an einem stillen Winterabend, als eben in meinem Kamin ein starkes Feuer brannte, benutzte ich die schöne Gelegenheit, und ich warf mein Manuskript über die Hegelsche Philosophie in die lodernde Glut; die brennenden Blätter flogen hinauf in den Schlot mit einem sonderbaren kichernden Geknister.

Gottlob, ich war sie los! Ach könnte ich doch alles, was ich einst über die deutsche Philosophie drucken ließ, in dersel-ben Weise vernichten! Aber das ist unmöglich, und da ich nicht einmal den Wiederabdruck bereits vergriffener Bücher verhindern kann, wie ich jüngst betrübsamlichst erfahren, so bleibt mir nichts übrig, als öffentlich zu gestehen, daß mei-ne Darstellung der deutschen philosophischen Systeme, also fürnemlich die ersten drey Abtheilungen meines Buches *de l'Allemagne,* die sündhaftesten Irrthümer enthalten. Ich hatte die genannten drey Parthien in einer deutschen Version als ein besonderes Buch drucken lassen, und da die letzte Ausgabe desselben vergriffen war, und mein Buchhändler das Recht besaß, eine neue Ausgabe zu veröffentlichen, so versah ich das Buch mit einer Vorrede, woraus ich eine Stelle hier mittheile, die mich des traurigen Geschäftes überhebt, in Bezug auf die erwähnten drey Parthien der *Allemagne* mich besonders aus-zusprechen. Sie lautet wie folgt: »Ehrlich gestanden, es wäre mir lieb, wenn ich das Buch ganz ungedruckt lassen könnte. Es haben sich nemlich seit dem Erscheinen desselben meine Ansichten über manche Dinge, besonders über göttliche Dinge, bedenklich geändert, und manches, was ich behauptete, widerspricht jetzt meiner bessern Ueberzeugung. Aber der Pfeil gehört nicht mehr dem Schützen, sobald er von der Sehne des Bogens fortfliegt, und das Wort gehört nicht mehr dem Sprecher, sobald es seiner Lippe entsprungen und gar durch die Presse vervielfältigt worden. Außerdem würden fremde Befugnisse mir mit zwingendem Einspruch entgegentreten, wenn ich das Buch ungedruckt ließe und meinen Gesammtwerken entzöge. Ich könnte zwar, wie manche Schriftsteller in solchen Fällen thun, zu einer Milderung der Ausdrücke, zu Verhüllungen durch Phrase meine Zuflucht nehmen; aber ich hasse im Grund meiner Seele die zweydeutigen Worte, die heuchlerischen Blumen, die feigen Feigenblätter. Einem ehrlichen Manne bleibt aber unter allen Umständen das unveräußerliche Recht, seinen Irrthum offen zu gestehen, und ich will es ohne Scheu hier ausüben. Ich bekenne daher unumwunden, daß Alles, was in diesem Buche namentlich auf die große Gottesfrage Bezug hat, ebenso falsch wie unbesonnen ist. Ebenso unbesonnen wie falsch ist die Behauptung, die ich der Schule nachsprach, daß der Deismus in der Theorie zu Grunde gerichtet sey und sich nur noch in der Erscheinungswelt kümmerlich hinfriste. Nein, es ist nicht wahr, daß die Vernunftkritik, welche die Beweisthümer für das Daseyn Gottes, wie wir dieselben seit Anselm von Canterbury kennen, zernichtet hat, auch dem Daseyn Gottes selber ein Ende gemacht habe. Der Deismus lebt, lebt sein lebendigstes Leben, er ist nicht todt, und am allerwenigsten hat ihn die neueste deutsche Philosophie getödtet. Diese spinnwebige Berliner Dialektik kann keinen Hund aus dem Ofenloch locken, sie kann keine Katze tödten, wie viel weniger einen Gott. Ich habe es am eignen Leibe erprobt, wie wenig gefährlich ihr Umbringen ist; sie bringt immer um, und die Leute bleiben dabey am Leben. Der Thürhüter der Hegelschen Schule, der grimme Ruge, behauptete einst steif und fest, oder vielmehr fest und steif, daß er mich mit seinem Portierstock in den Hallischen Jahrbüchern todt geschlagen habe, und doch zur selben Zeit ging ich umher auf den Boulevards von Paris, frisch und gesund und unsterblicher als je. Der arme, brave Ruge! er selber konnte sich später nicht des ehrlichsten Lachens enthalten, als ich ihm hier in Paris das Geständniß machte, daß ich die fürchterlichen Todtschlagblätter, die Hallischen Jahrbücher, nie zu Gesicht bekommen hatte, und sowohl meine vollen rothen Backen, als auch der gute Appetit, womit ich Austern schluckte, überzeugten ihn, wie wenig mir der Name einer Leiche gebührte. In der That, ich war damals noch gesund und feist, ich stand im Zenith meines Fettes, und war so übermüthig wie der König Nebucadnezar vor seinem Sturze.

Ach! einige Jahre später ist eine leibliche und geistige Veränderung eingetreten. Wie oft seitdem denke ich an die Geschichte dieses babylonischen Königs, der sich selbst für den lieben Gott hielt, aber von der Höhe seines Dünkels erbärmlich herabstürzte, wie ein Thier am Boden kroch und Gras aß – (es wird wohl Salat gewesen seyn). In dem prachtvoll grandiosen Buch Daniel steht diese Legende, die ich nicht bloß dem guten Ruge, sondern auch meinem noch viel verstocktern Freunde Marx, ja auch den Herren Feuerbach, Daumer, Bruno Bauer, Hengstenberg und wie sie sonst heißen mögen, diese gottlosen Selbstgötter, zur erbaulichen Beherzigung empfehle. Es stehen überhaupt noch viel schöne und merkwürdige Erzählungen in der Bibel, die ihrer Beachtung werth wären, z. B. gleich im Anfang die Geschichte von dem verbotenen Baume im Paradiese und von der Schlange, der kleinen Privatdozentinn, die schon sechstausend Jahre vor Hegels Geburt die ganze Hegelsche Philosophie vortrug. Dieser Blaustrumpf ohne Füße zeigte sehr scharfsinnig, wie das Absolute in der Identität von Seyn und Wissen besteht, wie der Mensch zum Gotte werde durch die Erkenntniß, oder was dasselbe ist, wie Gott im Menschen zum Bewußtseyn seiner selbst gelange. – Diese Formel ist nicht so klar wie die ursprünglichen Worte: wenn Ihr vom Baume der Erkenntniß genossen, werdet Ihr wie Gott seyn! Frau Eva verstand von der ganzen Demonstrazion nur das Eine, daß die Frucht verboten sey, und weil sie verboten, aß sie davon, die gute Frau. Aber kaum hatte sie von dem lokkenden Apfel gegessen, so verlor sie ihre Unschuld, ihre naive Unmittelbarkeit, sie fand, daß sie viel zu nackend sey für eine Person von ihrem Stande, die Stammmutter so vieler künftiger Kaiser und Könige, und sie verlangte ein Kleid. Freylich nur ein Kleid von Feigenblättern, weil damals noch keine Lyoner Seidenfabrikanten geboren waren, und weil es auch im Paradiese noch keine Putzmacherinnen und Modehändlerinnen gab – o Paradies! Sonderbar, so wie das Weib zum denkenden Selbstbewußtseyn kommt, ist ihr erster Gedanke ein neues Kleid! Auch diese biblische Geschichte, zumal die Rede der Schlange, kommt mir nicht aus dem Sinn, und ich möchte sie als Motto diesem Buche voransetzen, in derselben Weise, wie man oft vor fürstlichen Gärten eine Tafel sieht mit der warnenden Aufschrift: Hier liegen Fußangeln und Selbstschüsse.«

Nach der Stelle, welche ich hier citirt, folgen Geständnisse über den Einfluß, den die Lektüre der Bibel auf meine spätere Geistesevoluzion ausübte. Die Wiedererweckung meines religiösen Gefühls verdanke ich jenem heiligen Buche, und dasselbe ward für mich eben so sehr eine Quelle des Heils, als ein Gegenstand der frömmigsten Bewunderung. Sonderbar! Nachdem ich mein ganzes Leben hindurch mich auf allen Tanzböden der Philosophie herumgetrieben, allen Orgien des Geistes mich hingegeben, mit allen möglichen Systemen gebuhlt, ohne befriedigt worden zu seyn, wie Messaline nach einer lüderlichen Nacht – jetzt befinde ich mich plötzlich auf demselben Standpunkt, worauf auch der Onkel Tom steht, auf dem der Bibel, und ich kniee neben dem schwarzen Betbruder nieder in derselben Andacht –

Welche Demüthigung? mit all meiner Wissenschaft habe ich es nicht weiter gebracht, als der arme unwissende Neger, der kaum buchstabiren gelernt! Der arme Tom scheint freylich in dem heiligen Buche noch tiefere Dinge zu sehen, als ich, dem besonders die letzte Parthie noch nicht ganz klar geworden. Tom versteht sie vielleicht besser, weil mehr Prügel darin vorkommen, nemlich jene unaufhörlichen Peitschenhiebe, die mich manchmal bey der Lektüre der Evangelien und der Apostelgeschichte sehr unästhetisch anwiderten. So ein armer Negersclave liest zugleich mit dem Rücken, und begreift daher viel besser als wir. Dagegen glaube ich mir schmeicheln zu dürfen, daß mir der Charakter des Moses in der ersten Abtheilung des heiligen Buches einleuchtender aufgegangen sey. Diese große Figur hat mir nicht wenig imponirt. Welche Riesengestalt! Ich kann mir nicht vorstellen, daß Ok, König von Basan, größer gewesen sey. Wie klein erscheint der Sinai, wenn der Moses darauf steht! Dieser Berg ist nur das Postament, worauf die Füße des Mannes stehen, dessen Haupt in den Himmel hineinragt, wo er mit Gott spricht – Gott verzeih mir die Sünde, manchmal wollte es mich bedünken, als sey dieser mosaische Gott nur der zurückgestralte Lichtglanz des Moses selbst, dem er so ähnlich sieht, ähnlich in Zorn und in Liebe – Es wäre eine große Sünde, es wäre Anthropomorphismus, wenn man eine solche Identität des Gottes und seines Propheten annähme – aber die Aehnlichkeit ist frappant.

Ich hatte Moses früher nicht sonderlich geliebt, wahrscheinlich weil der hellenische Geist in mir vorwaltend war, und ich dem Gesetzgeber der Juden seinen Haß gegen alle Bildlichkeit, gegen die Plastik, nicht verzeihte. Ich sah nicht, daß Moses, trotz seiner Befeindung der Kunst, dennoch selber ein großer Künstler war und den wahren Künstlergeist besaß. Nur war dieser Künstlergeist bey ihm, wie bey seinen egyptischen Landsleuten, nur auf das Colossale und Unverwüstliche gerichtet. Aber nicht wie die Egypter formirte er seine Kunstwerke aus Backstein und Granit, sondern er baute Menschenpyramiden, er meißelte Menschen-Obelisken, er nahm einen armen Hirtenstamm und schuf daraus ein Volk, das ebenfalls den Jahrhunderten trotzen sollte, ein großes, ewiges, heiliges Volk, ein Volk Gottes, das allen andern Völkern als Muster, ja der ganzen Menschheit als Prototyp dienen konnte: er schuf Israel! Mit größerm Rechte als der römische Dichter darf jener Künstler, der Sohn Amrams und der Hebamme Jochebet, sich rühmen, ein Monument errichtet zu haben, das alle Bildungen aus Erz überdauern wird!

Wie über den Werkmeister, hab ich auch über das Werk, die Juden, nie mit hinlänglicher Ehrfurcht gesprochen, und zwar gewiß wieder meines hellenischen Naturells wegen, dem der judäische Ascetismus zuwider war. Meine Vorliebe für Hellas hat seitdem abgenommen. Ich sehe jetzt, die Griechen waren nur schöne Jünglinge, die Juden aber waren immer Männer, gewaltige, unbeugsame Männer, nicht bloß ehemals, sondern bis auf den heutigen Tag, trotz achtzehn Jahrhunderten der Verfolgung und des Elends. Ich habe sie seitdem besser würdigen gelernt, und wenn nicht jeder Geburtsstolz bey dem Kämpen der Revoluzion und ihrer demokratischen Prinzipien ein närrischer Widerspruch wäre, so könnte der Schreiber dieser Blätter stolz darauf seyn, daß seine Ahnen dem edlen Hause Israel angehörten, daß er ein Abkömmling jener Märtyrer, die der Welt einen Gott und eine Moral gegeben, und auf allen Schlachtfeldern des Gedankens gekämpft und gelitten haben.

Die Geschichte des Mittelalters und selbst der modernen Zeit hat selten in ihre Tagesberichte die Namen solcher Ritter des heiligen Geistes eingezeichnet, denn sie fochten gewöhnlich mit verschlossenem Visir. Ebenso wenig die Thaten der Juden, wie ihr eigentliches Wesen, sind der Welt bekannt. Man glaubt sie zu kennen, weil man ihre Bärte gesehen, aber mehr kam nie von ihnen zum Vorschein, und wie im Mittelalter sind sie auch noch in der modernen Zeit ein wandelndes Geheimniß. Es mag enthüllt werden an dem Tage wovon der Prophet geweissagt, daß es alsdann nur noch einen Hirten und eine Heerde geben wird, und der Gerechte, der für das Heil der Menschheit geduldet, seine glorreiche Anerkennung empfängt.

Man sieht, ich, der ich ehemals den Homer zu citiren pflegte, ich citire jetzt die Bibel, wie der Onkel Tom. In der That, ich verdanke ihr viel. Sie hat, wie ich oben gesagt, das religiöse Gefühl wieder in mir erweckt; und diese Wiedergeburt des religiösen Gefühls genügte dem Dichter, der vielleicht weit leichter als andre Sterbliche der positiven Glaubensdogmen entbehren kann. Er hat die Gnade, und seinem Geist erschließt sich die Symbolik des Himmels und der Erde; er bedarf dazu keines Kirchenschlüssels. Die thörigtsten und widersprechendsten Gerüchte sind in dieser Beziehung über mich in Umlauf gekommen. Sehr fromme aber nicht sehr gescheute Männer des protestantischen Deutschlands haben mich dringend befragt, ob ich dem lutherisch evangelischen Bekenntnisse, zu welchem ich mich bisher nur in lauer, officieller Weise bekannte, jetzt wo ich krank und gläubig geworden, mit größerer Sympathie als zuvor zugethan sey? Nein, Ihr lieben Freunde, es ist in dieser Beziehung keine Aenderung mit mir vorgegangen, und *wenn* ich überhaupt dem evangelischen Glauben angehörig bleibe, so geschieht es weil er mich auch jetzt durchaus nicht genirt, wie er mich früher nie allzusehr genirte. Freylich,

ich gestehe es aufrichtig, als ich mich in Preußen und zumal in Berlin befand, hätte ich, wie manche meiner Freunde, mich gern von jedem kirchlichen Bande bestimmt losgesagt, wenn nicht die dortigen Behörden jedem, der sich zu keiner von den staatlich privilegirten positiven Religionen bekannte, den Aufenthalt in Preußen und zumal in Berlin verweigerten. Wie *Henri IV* einst lachend sagte: *Paris vaut bien une messe,* so konnte ich mit Fug sagen: *Berlin vaut bien un prêche,* und ich konnte mir, nach wie vor, das sehr aufgeklärte und von jedem Aberglauben filtrirte Christenthum gefallen lassen, das man damals sogar ohne Gottheit Christi, wie Schildkrötensuppe ohne Schildkröte, in den Berliner Kirchen haben konnte. Zu jener Zeit war ich selbst noch ein Gott, und keine der positiven Religionen hatte mehr Werth für mich als die andere; ich konnte aus Courtoisie ihre Uniformen tragen, wie z. B. der russische Kaiser sich in einen preußischen Gardeoffizier verkleidet, wenn er dem König von Preußen die Ehre erzeigt, einer Revüe in Potsdam beyzuwohnen.

Jetzt wo durch das Wiedererwachen des religiösen Gefühls, so wie auch durch meine körperlichen Leiden, mancherley Veränderung in mir vorgegangen – entspricht jetzt die lutherische Glaubens-Uniform einigermaßen meinem innersten Gedanken? In wie weit ist das officielle Bekenntniß zur Wahrheit geworden? Solcher Frage will ich durch keine direkte Beantwortung begegnen, sie soll mir nur eine Gelegenheit bieten, die Verdienste zu beleuchten, die sich der Protestantismus, nach meiner jetzigen Einsicht, um das Heil der Welt erworben; und man mag danach ermessen, inwiefern ihm eine größere Sympathie von meiner Seite gewonnen ward.

Früherhin, wo die Philosophie ein überwiegendes Interesse für mich hatte, wußte ich den Protestantismus nur wegen der Verdienste zu schätzen, die er sich durch die Eroberung der Denkfreyheit erworben, die doch der Boden ist, auf welchem sich später Leibnitz, Kant und Hegel bewegen konnten – Luther, der gewaltige Mann mit der Axt, mußte diesen Kriegern vorangehen und ihnen den Weg bahnen. In dieser Beziehung habe ich auch die Reformazion als den Anfang der deutschen Philosophie gewürdigt und meine kampflustige Partheynahme für den Protestantismus justifizirt. Jetzt, in meinen spätern und reifern Tagen, wo das religiöse Gefühl wieder überwältigend in mir aufwogt, und der gescheiterte Metaphysiker sich an die Bibel festklammert: jetzt würdige ich den Protestantismus ganz absonderlich ob der Verdienste, die er sich durch die Auffindung und Verbreitung des heiligen Buches erworben. Ich sage die Auffindung, denn die Juden, die dasselbe aus dem großen Brande des zweiten Tempels gerettet, und es im Exile gleichsam wie ein portatives Vaterland mit sich herumschleppten, das ganze Mittelalter hindurch, sie hielten diesen Schatz sorgsam verborgen in ihrem Ghetto, wo die deutschen Gelehrten, Vorgänger und Beginner der Reformazion, hinschlichen um Hebräisch zu lernen, um den Schlüssel zu der Truhe zu gewinnen, welche den Schatz barg. Ein solcher Gelehrter war der fürtreffliche Reuchlinus, und die Feinde desselben, die Hochstraaten & Comp. in Cöln, die man als blödsinnige Dunkelmänner darstellte, waren keineswegs so ganz dumme Tröpfe, sondern sie waren fernsichtige Inquisitoren, welche das Unheil, das die Bekanntschaft mit der heiligen Schrift für die Kirche herbeyführen würde, wohl voraussahen; daher ihr Verfolgungseifer gegen alle hebräische Schriften, die sie ohne Ausnahme zu verbrennen riethen, während sie die Dolmetscher dieser heiligen Schriften, die Juden, durch den verhetzten Pöbel auszurotten suchten. Jetzt, wo die Motive jener Vorgänge aufgedeckt liegen, sieht man wie jeder im Grunde Recht hatte. Die Cölner Dunkelmänner glaubten das Seelenheil der Welt bedroht, und alle Mittel, sowohl Lüge als Mord, dünkten ihnen erlaubt, zumal in Betreff der Juden.

Das arme niedere Volk, die Kinder des Erb-Elends, haßte die
Juden schon wegen ihrer aufgehäuften Schätze, und was heut-
zutage der Haß der Proletarier gegen die Reichen überhaupt
genannt wird, hieß ehemals Haß gegen die Juden. In der
That, da diese letztern, ausgeschlossen von jedem Grundbesitz und jedem Erwerb durch Handwerk, nur auf den Handel
und die Geldgeschäfte angewiesen waren, welche die Kirche
für Rechtgläubige verpönte, so waren sie, die Juden, gesetzlich dazu verdammt, reich, gehaßt und ermordet zu werden.
Solche Ermordungen freylich trugen in jenen Zeiten noch
einen religiösen Deckmantel, und es hieß, man müsse diejeni-
nigen tödten, die einst unsern Herrgott getödtet. Sonderbar!
eben das Volk, das der Welt einen Gott gegeben, und dessen
ganzes Leben nur Gottesandacht athmete, ward als Deicide
verschrien! Die blutige Parodie eines solchen Wahnsinns sahen
wir beim Ausbruch der Revoluzion von Sanct Domingo, wo
ein Negerhaufen, der die Pflanzungen mit Mord und Brand
heimsuchte, einen schwarzen Fanatiker an seiner Spitze hatte,
der ein ungeheures Crucifix trug und blutdürstig schrie: Die
Weißen haben Christum getödtet, laßt uns alle Weißen todt-
schlagen!

Ja, den Juden, denen die Welt ihren Gott verdankt, verdankt
sie auch dessen Worts die Bibel; sie haben sie gerettet aus dem
Bankerott des römischen Reichs, und in der tollen Raufzeit
der Völkerwanderung bewahrten sie das theure Buch, bis es
der Protestantismus bey ihnen aufsuchte und das gefundene
Buch in die Landessprachen übersetzte und in alle Welt verbreitete. Diese Verbreitung hat die segensreichsten Früchte
hervorgebracht, und dauert noch bis auf heutigen Tag, wo die
Propaganda der Bibelgesellschaft eine providentielle Sendung
erfüllt, die bedeutsamer ist und jedenfalls ganz andere Folgen haben wird, als die frommen Gentlemen dieser britischen
Christenthums-Spedizions-Societät selber ahnen. Sie glauben

eine kleine enge Dogmatik zur Herrschaft zu bringen und wie das Meer, auch den Himmel zu monopolisiren, denselben zur britischen Kirchendomaine zu machen: und siehe! sie fördern, ohne es zu wissen, den Untergang aller protestantischen Sekten, die alle in der Bibel ihr Leben haben und in einem allgemeinen Bibelthume aufgehen. Sie fördern die große Demokratie, wo jeder Mensch nicht bloß König, sondern auch Bischof in seiner Hausburg seyn soll; indem sie die Bibel über die ganze Erde verbreiten, sie sozusagen der ganzen Menschheit durch merkantilische Kniffe, Schmuggel und Tausch, in die Hände spielen und der Exegese, der individuellen Vernunft überliefern, stiften sie das große Reich des Geistes, das Reich des religiösen Gefühls, der Nächstenliebe, der Reinheit und der wahren Sittlichkeit, die nicht durch dogmatische Begriffsformeln gelehrt werden kann, sondern durch Bild und Beyspiel, wie dergleichen enthalten ist in dem schönen heiligen Erziehungsbuche für kleine und große Kinder, in der Bibel.

Es ist für den beschaulichen Denker ein wunderbares Schauspiel, wenn er die Länder betrachtet, wo die Bibel schon seit der Reformazion ihren bildenden Einfluß ausgeübt auf die Bewohner, und ihnen in Sitte, Denkungsart und Gemüthlichkeit jenen Stempel des palästinischen Lebens aufgeprägt hat, das in dem alten wie in dem neuen Testamente sich bekundet. Im Norden von Europa und Amerika, namentlich in den scandinavischen und anglosächsischen, überhaupt in germanischen und einigermaßen auch in celtischen Landen, hat sich das Palästinathum so geltend gemacht, daß man sich dort unter Juden versetzt zu sehen glaubt. Z. B. die protestantischen Schotten, sind sie nicht Hebräer, deren Namen überall biblisch, deren Cant sogar etwas jerusalemitisch-pharisäisch klingt, und deren Religion nur ein Judenthum ist, welches Schweinefleisch frißt? So ist es auch mit manchen Provinzen Norddeutschlands und mit Dänemark; ich will gar nicht reden von den meisten neuen Gemeinden der vereinigten Staaten, wo man das alttestamentarische Leben pedantisch nachäfft. Letzteres erscheint hier wie daguerreotypirt, die Conturen sind ängstlich richtig, doch alles ist grau in grau, und es fehlt der sonnige Farbenschmelz des gelobten Landes. Aber die Caricatur wird einst schwinden, das Echte, Unvergängliche und Wahre, nemlich die Sittlichkeit des alten Judenthums, wird in jenen Ländern ebenso gotterfreulich blühen, wie einst am Jordan und auf den Höhen des Libanons. Man hat keine Palme und Kameele nöthig, um gut zu seyn, und Gutseyn ist besser denn Schönheit.

Vielleicht liegt es nicht bloß in der Bildungsfähigkeit der erwähnten Völker, daß sie das jüdische Leben in Sitte und Denkweise so leicht in sich aufgenommen. Der Grund dieses Phänomens ist vielleicht auch in dem Charakter des jüdischen Volks zu suchen, das immer sehr große Wahlverwandtschaft mit dem Charakter der germanischen und einigermaßen auch der celtischen Race hatte. Judäa erschien mir immer wie ein Stück Occident, das sich mitten in den Orient verloren. In der That, mit seinem spiritualistischen Glauben, seinen strengen, keuschen, sogar ascetischen Sitten, kurz mit seiner abstrakten Innerlichkeit, bildete dieses Land und sein Volk immer den sonderbarsten Gegensatz zu den Nachbar-Ländern und Nachbar-Völkern, die den üppig buntesten und brünstigsten Naturculten huldigend, im bacchantischen Sinnenjubel ihr Daseyn verluderten. Israel saß fromm unter seinem Feigenbaum und sang das Lob des unsichtbaren Gottes und übte Tugend und Gerechtigkeit, während in den Tempeln von Babel, Ninive, Sidon und Tyrus jene blutigen und unzüchtigen Orgien gefeyert wurden, ob deren Beschreibung uns noch jetzt das Haar sich sträubt! Bedenkt man diese Umgebung, so kann man die frühe Größe Israels nicht genug bewundern. Von der Freyheitsliebe Israels, während nicht bloß in seiner

Umgebung, sondern bey allen Völkern des Alterthums, sogar bey den philosophischen Griechen, die Sclaverey justifizirt war und in Blüthe stand, will ich gar nicht reden; um die Bibel nicht zu compromittiren bey den jetzigen Gewalthabern. Es giebt wahrhaftig keinen Socialisten, der terroristischer wäre als unser Herr und Heiland, und bereits Moses war ein solcher Socialist, obgleich er, als ein praktischer Mann, bestehende Gebräuche, namentlich in Bezug auf das Eigenthum, nur umzumodeln suchte. Ja, statt mit dem Unmöglichen zu ringen, statt die Abschaffung des Eigenthums tollköpfig zu decretiren, erstrebte Moses nur die Moralisazion desselben, er suchte das Eigenthum in Einklang zu bringen mit der Sittlichkeit, mit dem wahren Vernunftrecht, und solches bewirkte er durch die Einführung des Jubeljahrs, wo jedes alienirte Erbgut, welches bey einem ackerbauenden Volke immer Grundbesitz war, an den ursprünglichen Eigenthümer zurückfiel, gleichviel in welcher Weise dasselbe veräußert worden. Diese Instituzion bildet den entschiedensten Gegensatz zu der »Verjährung« bey den Römern, wo nach Ablauf einer gewissen Zeit der faktische Besitzer eines Gutes von dem legitimen Eigenthümer nicht mehr zur Rückgabe gezwungen werden kann, wenn letzterer nicht zu beweisen vermag, während jener Zeit eine solche Restituzion in gehöriger Form begehrt zu haben. Diese letzte Bedingniß ließ der Chicane offnes Feld, zumal in einem Staate, wo Despotismus und Jurisprudenz blühte und dem ungerechten Besitzer alle Mittel der Abschreckung, besonders dem Armen gegenüber, der die Streitkosten nicht erschwingen kann, zu Gebote stehn. Der Römer war zugleich Soldat und Advokat, und das Fremdgut, das er mit dem Schwerte erbeutet, wußte er durch Zungendrescherey zu vertheidigen. Nur ein Volk von Räubern und Casuisten konnte die Proscripzion, die Verjährung, erfinden und dieselbe conseciren in jenem abscheulichsten Buche, welches die Bibel des Teufels genannt werden kann, im Codex des römischen Civilrechts, der leider noch jetzt herrschend ist.

Ich habe oben von der Verwandtschaft gesprochen, welche zwischen Juden und Germanen, die ich einst »die beiden Völker der Sittlichkeit« nannte, stattfindet, und in dieser Beziehung erwähne ich auch als einen merkwürdigen Zug den ethischen Unwillen, womit das alte deutsche Recht die Verjährung stigmatisirt; in dem Munde des niedersächsischen Bauers lebt noch heute das rührend schöne Wort: »hundert Jahr Unrecht machen nicht ein Jahr Recht.« Die mosaische Gesetzgebung protestirt noch entschiedener durch die Instituzion des Jubeljahrs. Moses wollte nicht das Eigenthum abschaffen, er wollte vielmehr, daß jeder dessen besäße, damit niemand durch Armuth ein Knecht mit knechtischer Gesinnung sey. Freyheit war immer des großen Emancipators letzter Gedanke, und dieser athmet und flammt in allen seinen Gesetzen, die den Pauperismus betreffen. Die Sclaverey selbst haßte er über alle Maßen, schier ingrimmig, aber auch diese Unmenschlichkeit konnte er nicht ganz vernichten, sie wurzelte noch zu sehr im Leben jener Urzeit, und er mußte sich darauf beschränken, das Schicksal der Sclaven gesetzlich zu mildern, den Loskauf zu erleichtern und die Dienstzeit zu beschränken. Wollte aber ein Sclave, den das Gesetz endlich befreyte, durchaus nicht das Haus des Herrn verlassen, so befahl Moses, daß der unverbesserliche servile Lump mit dem Ohr an den Thürpfosten des herrschaftlichen Hauses angenagelt würde, und nach dieser schimpflichen Ausstellung war er verdammt, auf Lebenszeit zu dienen. O Moses, unser Lehrer, Mosche Rabenu, hoher Bekämpfer der Knechtschaft, reiche mir Hammer und Nägel, damit ich unsre gemüthlichen Sclaven in schwarzrothgoldner Livree mit ihren langen Ohren festnagle an das Brandenburger Thor!

Ich verlasse den Ocean allgemeiner religiös-moralisch-historischer Betrachtungen, und lenke mein Gedankenschiff wieder bescheiden in das stille Binnenlandgewässer, wo der Autor so treu sein eignes Bild abspiegelt.

Ich habe oben erwähnt, wie protestantische Stimmen aus der Heimath, in sehr indiskret gestellten Fragen, die Vermuthung ausdrückten, als ob bey dem Wiedererwachen meines religiösen Gefühls auch der Sinn für das Kirchliche in mir stärker geworden. Ich weiß nicht, in wie weit ich merken ließ, daß ich weder für ein Dogma noch für irgend einen Cultus außerordentlich schwärme und ich in dieser Beziehung derselbe geblieben bin, der ich immer war. Ich mache dieses Geständniß jetzt auch, um einigen Freunden, die mit großem Eifer der römisch-katholischen Kirche zugethan sind, einen Irrthum zu benehmen, in den sie ebenfalls in Bezug auf meine jetzige Denkungsart verfallen sind. Sonderbar! zur selben Zeit, wo mir in Deutschland der Protestantismus die unverdiente Ehre erzeigte, mir eine evangelische Erleuchtung zuzutrauen, verbreitete sich auch das Gerücht, als sey ich zum katholischen Glauben übergetreten, ja manche gute Seelen versicherten, ein solcher Uebertritt habe schon vor vielen Jahren stattgefunden, und sie unterstützten ihre Behauptung mit der Angabe der bestimmtesten Details, sie nannten Zeit und Ort, sie gaben Tag und Datum an, sie bezeichneten mit Namen die Kirche, wo ich die Ketzerey des Protestantismus abgeschworen und den alleinseligmachenden römisch-katholisch-apostolischen Glauben angenommen haben sollte; es fehlte nur die Angabe, wie viel Glockengeläute und Schellengeklingel der Meßner bey dieser Feyerlichkeit spendirte.

Wie sehr solches Gerücht Consistenz gewonnen, ersehe ich aus Blättern und Briefen, die mir zukommen, und ich gerathe fast in eine wehmüthige Verlegenheit, wenn ich die wahrhafte Liebesfreude sehe, die sich in manchen Zuschriften so rührend ausspricht. Reisende erzählen mir, daß meine Seelenrettung sogar der Kanzelberedsamkeit Stoff geliefert. Junge katholische Geistliche wollen ihre homiletischen Erstlingsschriften meinem Patronate anvertrauen. Man sieht in mir ein künftiges Kirchenlicht. Ich kann nicht darüber lachen, denn der fromme Wahn ist so ehrlich gemeint – und was man auch den Zeloten des Katholizismus nachsagen mag, eins ist gewiß: sie sind keine Egoisten, sie bekümmern sich um ihre Nebenmenschen; leider oft ein bischen zu viel. Jene falschen Gerüchte kann ich nicht der Böswilligkeit, sondern nur dem Irrthum zuschreiben; die unschuldigsten Thatsachen hat hier gewiß nur der Zufall entstellt. Es hat nemlich ganz seine Richtigkeit mit jener Angabe von Zeit und Ort, ich war in der That an dem genannten Tage in der genannten Kirche, die sogar einst eine Jesuitenkirche gewesen, nemlich in Saint-Sulpice, und ich habe mich dort einem religiösen Akte unterzogen – Aber dieser Akt war keine gehässige Abjurazian, sondern eine sehr unschuldige Conjugazion; ich ließ nemlich dort meine Ehe mit meiner Gattinn, nach der Civiltrauung, auch kirchlich einsegnen, weil meine Gattinn, von erzkatholischer Familie, ohne solche Ceremonie sich nicht gottgefällig genug verheirathet geglaubt hätte. Und ich wollte um keinen Preis bey diesem theuren Wesen in den Anschauungen der angebornen Religion eine Beunruhigung oder Störniß verursachen.

Es ist übrigens sehr gut, wenn die Frauen einer positiven Religion anhängen. Ob bey den Frauen evangelischer Confession mehr Treue zu finden, lasse ich dahingestellt seyn. Jedenfalls ist der Katholizismus der Frauen für den Gemahl sehr heilsam. Wenn sie einen Fehler begangen haben, behalten sie nicht lange den Kummer darüber im Herzen, und sobald sie vom Priester Absoluzion erhielten, sind sie wieder trällernd aufgeheitert und verderben sie ihrem Manne nicht die gute Laune oder Suppe durch kopfhängerisches Nachgrübeln über eine Sünde, die sie sich verpflichtet halten, bis an ihr

Lebensende durch grämliche Prüderie und zänkische Ueber-
tugend abzubüßen. Auch noch in andrer Beziehung ist die
Beichte hier so nützlich: die Sünderinn behält ihr furchtbares
Geheimniß nicht lange lastend im Kopfe, und da doch die
Weiber am Ende alles ausplaudern müssen, ist es besser, sie ge-
stehen gewisse Dinge nur ihrem Beichtiger, als daß sie in die
Gefahr gerathen, plötzlich in überwallender Zärtlichkeit oder
Schwatzsucht oder Gewissensbissigkeit dem armen Gatten die
fatalen Geständnisse zu machen!

Der Unglauben ist in der Ehe jedenfalls gefährlich, und so
freygeistig ich selbst gewesen, so durfte doch in meinem Hause nie ein frivoles Wort gesprochen werden. Wie ein ehrsamer
Spießbürger lebte ich mitten in Paris, und deßhalb, als ich
heirathete, wollte ich auch kirchlich getraut werden, obgleich
hier zu Lande die gesetzlich eingeführte Civil-Ehe hinlänglich
von der Gesellschaft anerkannt ist. Meine liberalen Freunde
grollten mir deßhalb, und überschütteten mich mit Vorwürfen,
als hätte ich der Clerisey eine zu große Concession gemacht.
Ihr Murrsinn über meine Schwäche würde sich noch sehr gesteigert haben, hätten sie gewußt, wie viel größere Conces-
sionen ich damals der ihnen verhaßten Priesterschaft machte.
Als Protestant, der sich mit einer Katholikinn verheirathete,
bedurfte ich, um von einem katholischen Priester kirchlich
getraut zu werden, eine besondere Dispens des Erzbischofs,
der diese aber in solchen Fällen nur unter der Bedingung ertheilt, daß der Gatte sich schriftlich verpflichtet, die Kinder,
die er zeugen würde, in der Religion ihrer Mutter erziehen zu
lassen. Es wird hierüber ein Revers ausgestellt, und wie sehr
auch die protestantische Welt über solchen Zwang schreyt,
so will mich bedünken, als sey die katholische Priesterschaft
ganz in ihrem Rechte, denn wer ihre einsegnende Garantie
nachsucht, muß sich auch ihren Bedingungen fügen. Ich fügte
mich denselben ganz *de bonne foi*, und ich wäre gewiß meiner

Verpflichtung redlich nachgekommen. Aber unter uns gesagt, da ich wohl wußte, daß Kinderzeugen nicht meine Spezialität ist, so konnte ich besagten Revers mit desto leichterm Gewissen unterzeichnen, und als ich die Feder aus der Hand legte, kicherten in meinem Gedächtniß die Worte der schönen Ninon de Lenclos: *O, le beau billet qu'a Lachastre!*

Ich will meinen Bekenntnissen die Krone aufsetzen, indem ich gestehe, daß ich damals, um die Dispens des Erzbischofs zu erlangen, nicht bloß meine Kinder, sondern sogar mich selbst der katholischen Kirche verschrieben hätte – Aber der *ogre de Rome*, der wie das Ungeheuer in den Kindermährchen sich die künftige Geburt für seine Dienste ausbedingt, begnügte sich mit den armen Kindern, die freylich nicht geboren wurden, und so blieb ich ein Protestant, nach wie vor, ein protestirender Protestant, und ich protestire gegen Gerüchte, die, ohne verunglimpfend zu seyn, dennoch zum Schaden meines guten Leumunds ausgebeutet werden können.

Ja, ich, der ich immer selbst das aberwitzigste Gerede, ohne mich viel darum zu bekümmern über mich hingehen ließ, ich habe mich zu obiger Berichtigung verpflichtet geglaubt, um der Parthey des edlen Atta Troll, die noch immer in Deutschland herumtroddelt, keinen Anlaß zu gewähren, in ihrer täppisch treulosen Weise meinen Wankelmuth zu bejammern und dabey wieder auf ihre eigne, unwandelbare, in der dicksten Bärenhaut eingenähte Charakterfestigkeit zu pochen. Gegen den armen *ogre de Rome*, gegen die römische Kirche, ist also diese Reclamazion nicht gerichtet. Ich habe längst aller Befehdung derselben entsagt, und längst ruht in der Scheide das Schwert, das ich einst zog, im Dienste einer Idee, und nicht einer Privatleidenschaft. Ja, ich war in diesem Kampf gleichsam ein *officier de fortune*, der sich brav schlägt, aber nach der Schlacht oder nach dem Scharmützel keinen Tropfen Groll im Herzen bewahrt, weder gegen die bekämpfte Sache, noch gegen ihre Vertreter. Von fanatischer Feindschaft gegen die römische Kirche kann bey mir nicht die Rede seyn, da es mir immer an jener Bornirtheit fehlt, die zu einer solchen Animosität nöthig ist. Ich kenne zu gut meine geistige Taille, um nicht zu wissen, daß ich einem Colosse, wie die Peterskirche ist, mit meinem wüthendsten Anrennen wenig schaden dürfte; nur ein bescheidener Handlanger konnte ich seyn bey dem langsamen Abtragen seiner Quadern, welches Geschäft freylich doch noch viele Jahrhunderte dauern mag. Ich war zu sehr Geschichtskundiger, als daß ich nicht die Riesenhaftigkeit jenes Granitgebäudes erkannt hätte; – nennt es immerhin die Bastille des Geistes, behauptet immerhin, dieselbe werde jetzt nur noch von Invaliden vertheidigt: aber es ist darum nicht minder wahr, daß auch diese Bastille nicht so leicht einzunehmen wäre, und noch mancher junge Anstürmer an ihren Wällen den Hals brechen wird. Als Denker, als Metaphysiker, mußte ich immer der Consequenz der römisch-katholischen Dogmatik meine Bewunderung zollen; auch darf ich mich rühmen, weder das Dogma noch den Cultus je durch Witz und Spötterey bekämpft zu haben, und man hat mir zugleich zu viel Ehre und zu viel Unehre erzeigt, wenn man mich einen Geistesverwandten Voltaires nannte. Ich war immer ein Dichter, und deßhalb mußte sich mir die Poesie, welche in der Symbolik des katholischen Dogmas und Cultus blüht und lodert, viel tiefer als andern Leuten offenbaren, und nicht selten in meiner Jünglingszeit überwältigte auch mich die unendliche Süße, die geheimnißvoll selige Ueberschwänglichkeit und schauerliche Todeslust jener Poesie: auch ich schwärmte manchmal für die hochgebenedeite Königinn des Himmels, die Legenden ihrer Huld und Güte brachte ich in zierliche Reime, und meine erste Gedichtesammlung enthält Spuren dieser schönen Madonna-Periode, die ich in spätern Sammlungen lächerlich sorgsam ausmerzte.

Die Zeit der Eitelkeit ist vorüber, und ich erlaube jedem, über diese Geständnisse zu lächeln.

Ich brauche wohl nicht erst zu gestehen, daß in derselben Weise, wie kein blinder Haß gegen die römische Kirche in mir waltete, auch keine kleinliche Rancune gegen ihre Priester in meinem Gemüthe nisten konnte: wer meine satirische Begabniß und die Bedürfnisse meines parodirenden Uebermuths kennt, wird mir gewiß das Zeugniß ertheilen, daß ich die menschlichen Schwächen der Clerisey immer schonte, obgleich in meiner spätern Zeit die frommthuenden, aber dennoch sehr bissigen Ratten, die in den Sacristeyen Bayerns und Oesterreichs herumrascheln, das verfaulte Pfaffengeschmeiß, mich oft genug zur Gegenwehr reitzte. Aber ich bewahrte im zornigsten Ekel dennoch immer eine Ehrfurcht vor dem wahren Priesterstand, indem ich, in die Vergangenheit zurückblickend, der Verdienste gedachte, die er sich einst um mich erwarb. Denn katholische Priester waren es, denen ich als Kind meinen ersten Unterricht verdankte; sie leiteten meine ersten Geistesschritte. Auch in der höhern Unterrichtsanstalt zu Düsseldorf, welche unter der französischen Regierung das Lyceum hieß, waren die Lehrer fast lauter katholische Geistliche, die sich alle mit ernster Güte meiner Geistesbildung annahmen; seit der preußischen Invasion, wo auch jene Schule den preußisch-griechischen Namen Gymnasium annahm, wurden die Priester allmählig durch weltliche Lehrer ersetzt. Mit ihnen wurden auch ihre Lehrbücher abgeschafft, die kurzgefaßten, in lateinischer Sprache geschriebenen Leitfaden und Chrestomatien, welche noch aus den Jesuitenschulen herstammten, und sie wurden ebenfalls ersetzt durch neue Grammatiken und Compendien, geschrieben in einem schwindsüchtigen, pedantischen Berlinerdeutsch, in einem abstrakten Wissenschaftsjargon, der den jungen Intelligenzen minder zugänglich war, als das leichtfaßliche, natürliche und gesunde Jesuiten-

latein. Wie man auch über die Jesuiten denkt, so muß man
doch eingestehen, sie bewährten immer einen praktischen
Sinn im Unterricht, und ward auch bey ihrer Methode die
Kunde des Alterthums sehr verstümmelt mitgetheilt, so haben sie doch diese Alterthumskenntniß sehr verallgemeinert,
sozusagen demokratisirt, sie ging in die Massen über, statt daß
bey der heutigen Methode der einzelne Gelehrte, der Gei-
stesaristokrat das Alterthum und die Alten besser begreifen
lernt, aber der großen Volksmenge sehr selten ein classischer
Brocken, irgend ein Stück Herodot oder eine Aesopische Fabel oder ein Horazischer Vers im Hirntopfe zurückbleibt, wie
ehemals, wo die armen Leute an den alten Schulbrodkrusten
ihrer Jugend später noch lange zu knuspern hatten. So ein
bischen Latein ziert den ganzen Menschen, sagte mir einst ein
alter Schuster, dem aus der Zeit, wo er mit dem schwarzen
Mäntelchen in das Jesuitencollegium ging, so mancher schöne Cicceronianische Passus aus den Catilinarischen Reden im
Gedächtnisse geblieben, den er gegen heutige Demagogen
so oft und so spaßhaft glücklich citirte. Pädagogik war die
Spezialität der Jesuiten, und obgleich sie dieselbe im Interesse
ihres Ordens treiben wollten, so nahm doch die Leidenschaft
für die Pädagogik selbst, die einzige menschliche Leidenschaft
die ihnen blieb, manchmal die Oberhand, sie vergaßen ihren Zweck, die Unterdrückung der Vernunft zu Gunsten des
Glaubens, und statt die Menschen wieder zu Kindern zu machen, wie sie beabsichtigten, haben sie im Gegentheil, gegen
ihren Willen, durch den Unterricht die Kinder zu Menschen
gemacht. Die größten Männer der Revoluzion sind aus den
Jesuitenschulen hervorgegangen, und ohne die Disciplin dieser letztern wäre vielleicht die große Geisterbewegung erst ein
Jahrhundert später ausgebrochen.

Arme Väter von der Gesellschaft Jesu! Ihr seyd der Popanz
und der Sündenbock der liberalen Parthey geworden, man hat

jedoch nur Eure Gefährlichkeit, aber nicht Eure Verdienste begriffen. Was mich betrifft, so konnte ich nie einstimmen in das Zetergeschrey meiner Genossen, die bey dem Namen Loyola immer in Wuth geriethen, wie Ochsen, denen man einen rothen Lappen vorhält! Und dann, ohne im Geringsten die Hut meiner Parthey-Interessen zu verabsäumen, mußte ich mir in der Besonnenheit meines Gemüthes zuweilen gestehen, wie es oft von den kleinsten Zufälligkeiten abhing, daß wir dieser statt jener Parthey zufielen und uns jetzt nicht in einem ganz entgegengesetzten Feldlager befänden. In dieser Beziehung kommt mir oft ein Gespräch in den Sinn, das ich mit meiner Mutter führte, vor etwa acht Jahren, wo ich die hochbetagte Frau, die schon damals achtzigjährig, in Hamburg besuchte. Eine sonderbare Aeußerung entschlüpfte ihr, als wir von den Schulen, worin ich meine Knabenzeit zubrachte, und von meinen katholischen Lehrern sprachen, worunter sich, wie ich jetzt erfuhr, manche ehemalige Mitglieder des Jesuitenordens befanden. Wir sprachen viel von unserm alten lieben Schallmayer, dem in der französischen Periode die Leitung des Düsseldorfer Lyceums als Rektor anvertraut war, und der auch für die oberste Classe Vorlesungen über Philosophie hielt, worin er unumwunden die freygeistigsten griechischen Systeme auseinandersetzte, wie grell diese auch gegen die orthodoxen Dogmen abstachen, als deren Priester er selbst zuweilen in geistlicher Amtstracht am Altar fungirte. Es ist gewiß bedeutsam, und vielleicht einst vor den Assisen im Thale Josaphat kann es mir als *circonstance atténuante* angerechnet werden, daß ich schon im Knabenalter den besagten philosophischen Vorlesungen beywohnen durfte. Diese bedenkliche Begünstigung genoß ich vorzugsweise, weil der Rektor Schallmayer sich als Freund unsrer Familie ganz besonders für mich interessirte; einer meiner Oehme, der mit ihm zu Bonn studirt hatte, war dort sein akademischer Pylades gewesen, und mein Großvater errettete ihn einst aus einer tödtlichen Krankheit. Der alte Herr besprach sich deßhalb sehr oft mit meiner Mutter über meine Erziehung und künftige Laufbahn, und in solcher Unterredung war es, wie mir meine Mutter später in Hamburg erzählte, daß er ihr den Rath ertheilte, mich dem Dienst der Kirche zu widmen und nach Rom zu schicken, um in einem dortigen Seminar katholische Theologie zu studiren; durch die einflußreichen Freunde, die der Rektor Schallmayer unter den Prälaten höchsten Ranges zu Rom besaß, versicherte er, im Stande zu seyn, mich zu einem bedeutenden Kirchenamte zu fördern. Als mir dieses meine Mutter erzählte, bedauerte sie sehr, daß sie dem Rathe des geistreichen alten Herrn nicht Folge geleistet, der mein Naturell frühzeitig durchschaut hatte und wohl am richtigsten begriff, welches geistige und physische Clima demselben am angemessensten und heilsamsten gewesen seyn möchte. Die alte Frau bereute jetzt sehr, einen so vernünftigen Vorschlag abgelehnt zu haben; aber zu jener Zeit träumte sie für mich sehr hochfliegende weltliche Würden, und dann war sie eine Schülerinn Rousseaus, eine strenge Deistinn, und es war ihr auch außerdem nicht recht, ihren ältesten Sohn in jene Soutane zu stecken, welche sie von deutschen Priestern mit so plumpem Ungeschick tragen sah. Sie wußte nicht, wie ganz anders ein römischer Abbate dieselbe mit einem graciösen Schick trägt und wie coquet er das schwarzseidne Mäntelchen achselt, das die fromme Uniform der Galanterie und der Schöngeisterey ist im ewig schönen Rom.

O, welch ein glücklicher Sterblicher ist ein römischer Abbate, der nicht bloß der Kirche Christi, sondern auch dem Apoll und den Musen dient. Er selbst ist ihr Liebling, und die drey Göttinnen der Anmuth halten ihm das Tintenfaß, wenn er seine Sonette verfertigt, die er in der Academie der Arcadier mit zierlichen Cadenzen recitirt. Er ist ein Kunstkenner, und er braucht nur den Hals einer jungen Sängerinn zu betasten, um voraussagen zu können, ob sie einst eine *celeberrima cantatrice*, eine *diva*, eine Weltprimadonna, seyn wird. Er versteht sich auf Antiquitäten, und über den ausgegrabenen Torso einer griechischen Bacchantinn schreibt er eine Abhandlung im schönsten Ciceronianischen Latein, die er dem Oberhaupte der Christenheit, dem *pontifex maximus*, wie er ihn nennt, ehrfurchtsvoll widmet. Und gar welcher Gemäldekenner ist der Signor Abbate, der die Maler in ihren Ateliers besucht und ihnen über ihre weiblichen Modelle die feinsten anatomischen Beobachtungen mittheilt. Der Schreiber dieser Blätter hätte ganz das Zeug dazu gehabt, ein solcher Abbate zu werden und im süßesten *dolce far niente* dahin zu schlendern durch die Bibliotheken, Galerien, Kirchen und Ruinen der ewigen Stadt, studirend im Genusse und genießend im Studium, und ich hätte Messe gelesen vor den auserlesensten Zuhörern, ich wäre auch in der heiligen Woche als strenger Sittenprediger auf die Kanzel getreten, freylich auch hier niemals in ascetische Rohheit ausartend – ich hätte am meisten die römischen Damen erbaut, und wäre vielleicht durch solche Gunst und Verdienste in der Hierarchie der Kirche zu den höchsten Würden gelangt, ich wäre vielleicht ein *monsignore* geworden, ein Violetstrumpf, sogar der rothe Hut konnte mir auf den Kopf fallen – und wie das Sprüchlein heißt:

> Es ist kein Pfäfflein noch so klein,
> Es möchte gern ein Päpstlein seyn –

so hätte ich am Ende vielleicht gar jenen erhabensten Ehrenposten erklommen – denn obgleich ich von Natur nicht ehrgeitzig bin, so würde ich dennoch die Ernennung zum Papste nicht ausgeschlagen haben, wenn die Wahl des Conclaves auf mich gefallen wäre. Es ist dieses jedenfalls ein sehr anständiges und auch mit gutem Einkommen versehenes Amt, das ich gewiß mit hinlänglichem Geschick versehen konnte. Ich hätte mich ruhig niedergesetzt auf den Stuhl Petri, allen frommen Christen, sowohl Priestern als Layen, das Bein hinstreckend zum Fußkuß. Ich hätte mich ebenfalls mit gehöriger Seelenruhe durch die Pfeilergänge der großen Basilica in Triumph herumtragen lassen, und nur im wackelndsten Falle würde ich mich ein bischen festgeklammert haben an der Armlehne des goldnen Sessels, den sechs stämmige carmoisinrothe Camerieren auf ihren Schultern tragen, während nebenher glatzköpfige Kapuziner mit brennenden Kerzen und gallonirte Lakayen wandeln, welche ungeheuer große Pfauenwedel emporhalten und das Haupt des Kirchenfürsten befächeln – wie gar lieblich zu schauen ist auf dem Processions-Gemälde des Horaz Verriet. Mit einem gleichen unerschütterlichen sacerdotalen Ernste – denn ich kann sehr ernst seyn, wenn es durchaus nöthig ist – hätte ich auch vom Lateran herab der ganzen Christenheit den jährlichen Segen ertheilr, in Pontificalibus, mit der dreyfachen Krone auf dem Kopfe, und umgeben von einem Generalstab von Rothhüten und Bischofsmützen, Goldbrocatgewändern und Kutten von allen Couleuren, hätte sich Meine Heiligkeit auf dem hohen Balcon dem Volke gezeigt, das tief unten, in unabsehbar wimmelnder Menge, mit gebeugten Köpfen und kniend hingelagert – und ich hätte ruhig die Hände ausgestreckt und den Segen ertheilt, der Stadt und der Welt.

Aber, wie du wohl weißt, geneigter Leser, ich bin kein Papst geworden, auch kein Cardinal, nicht mahl ein römischer Nuntius, und wie in der weltlichen, so auch in der geistlichen Hierarchie habe ich weder Amt noch Würden errungen. Ich habe es, wie die Leute sagen, auf dieser schönen Erde zu nichts gebracht. Es ist nichts aus mir geworden, nichts als ein Dichter.

Nein, ich will keiner heuchlerischen Demuth mich hingebend, diesen Namen geringschätzen. Man ist viel, wenn man ein Dichter ist, und gar wenn man ein großer lyrischer Dichter ist in Deutschland, unter dem Volke, das in zwey Dingen, in der Philosophie und im Liede, alle andern Nazionen überflügelt hat. Ich will nicht mit der falschen Bescheidenheit, welche die Lumpen erfunden, meinen Dichterruhm verläugnen. Keiner meiner Landsleute hat in so frühem Alter wie ich den Lorbeer errungen, und wenn mein College Wolfgang Goethe wohlgefällig davon singt, »daß der Chinese mit zitternder Hand Werthern und Lotten auf Glas male,« so kann ich, soll doch einmal geprahlt werden, dem chinesischen Ruhm einen noch weit fabelhaftern, nemlich einen japanischen entgegensetzen. Als ich mich vor etwa zwölf Jahren hier im *Hôtel des Princes* bey meinem Freunde H. Wöhrmann aus Riga befand, stellte mir derselbe einen Holländer vor, der eben aus Japan gekommen, dreyßig Jahre dort in Nangasaki zugebracht und begierig wünschte, meine Bekanntschaft zu machen. Es war der *Dr.* Bürger, der jetzt in Leyden mit dem gelehrten Seybold das große Werk über Japan herausgiebt. Der Holländer erzählte mir, daß er einen jungen Japanesen Deutsch gelehrt, der später meine Gedichte in japanischer Uebersetzung drucken ließ, und dieses sey das erste europäische Buch gewesen, das in japanischer Sprache erschienen – übrigens fände ich über diese curiose Uebertragung einen weitläufigen Artikel in der englischen *Review* von Calcutta. Ich schickte sogleich nach mehreren *cabinets de lecture*, doch keine ihrer gelehrten Vorsteherinnen konnte mir die *Review* von Calcutta verschaffen, und auch an Julien und Pauthier wandte ich mich vergebens –

Seitdem habe ich über meinen japanischen Ruhm keine weitern Nachforschungen angestellt. In diesem Augenblick ist es mir eben so gleichgültig wie etwa mein finnländischer Ruhm. Ach! der Ruhm überhaupt, dieser sonst so süße Tand, süß wie Ananas und Schmeicheley, er ward mir seit geraumer

Zeit sehr verleidet; er dünkt mich jetzt bitter wie Wermuth. Ich kann wie Romeo sagen: ich bin der Narr des Glücks. Ich stehe jetzt vor dem großen Breynapf, aber es fehlt mir der Löffel. Was nützt es mir, daß bey Festmahlen aus goldnen Pokalen und mit den besten Weinen meine Gesundheit getrunken wird, wenn ich selbst unterdessen, abgesondert von aller Weltlust, nur mit einer schalen Tisane meine Lippen netzen darf! Was nützt es mir, daß begeisterte Jünglinge und Jungfrauen meine marmorne Büste mit Lorbeeren umkränzen, wenn derweilen meinem wirklichen Kopfe von den welken Händen einer alten Wärterin eine spanische Fliege hinter die Ohren gedrückt wird! Was nützt es mir, daß alle Rosen von Schiras so zärtlich für mich glühen und duften – ach, Schiras ist zweytausend Meilen entfernt von der Rue d'Amsterdam, wo ich in der verdrießlichen Einsamkeit meiner Krankenstube nichts zu riechen bekomme, als etwa die Parfüms von gewärmten Servietten. Ach! der Spott Gottes lastet schwer auf mir. Der große Autor des Weltalls, der Aristophanes des Himmels, wollte dem kleinen – irdischen, sogenannten deutschen Aristophanes recht grell darthun, wie die witzigsten Sarcasmen desselben nur armselige Spöttereyen gewesen im Vergleich mit den seinigen, und wie kläglich ich ihm nachstehen muß im Humor, in der colossalen Spaßmacherey.

Ja, die Lauge der Verhöhnung, die der Meister über mich herabgeußt, ist entsetzlich, und schauerlich grausam ist sein Spaß. Demüthig bekenne ich seine Ueberlegenheit, und ich beuge mich vor ihm im Staube. Aber wenn es mir auch an solcher höchsten Schöpfungskraft fehlt, so blitzt doch in meinem Geiste die ewige Vernunft, und ich darf sogar den Spaß Gottes vor ihr Forum ziehen und einer ehrfurchtsvollen Kritik unterwerfen. Und da wage ich nun zunächst die unterthänigste Andeutung auszusprechen, es wolle mich bedünken, als zöge sich jener grausame Spaß, womit der Meister den armen Schüler heimsucht, etwas zu sehr in die Länge; er dauert schon über sechs Jahre, was nachgerade langweilig wird. Dann möchte ich ebenfalls mir die unmaßgebliche Bemerkung erlauben, daß jener Spaß nicht neu ist und daß ihn der große Aristophanes des Himmels schon bey einer andern Gelegenheit angebracht, und also ein Plagiat an hoch sich selber begangen habe. Um diese Behauptung zu unterstützen, will ich eine Stelle der Limburger Chronik citiren. Diese Chronik ist sehr interessant für diejenigen, welche sich über Sitten und Bräuche des deutschen Mittelalters unterrichten wollen. Sie beschreibt, wie ein Modejournal, die Kleidertrachten, sowohl die männlichen als die weiblichen, welche in jeder Periode aufkamen. Sie giebt auch Nachricht von den Liedern, die in jedem Jahre gepfiffen und gesungen wurden, und von manchem Lieblingsliede der Zeit werden die Anfänge mitgetheilt. So vermeldet sie von Anno 1480, daß man in diesem Jahre in ganz Deutschland Lieder gepfiffen und gesungen, die süßer und lieblicher, als alle Weisen, so man zuvor in deutschen Landen kannte, und jung und Alt, zumal das Frauenzimmer, sey ganz davon vernarrt gewesen, so daß man sie von Morgen bis Abend singen hörte; diese Lieder aber, setzt die Chronik hinzu, habe ein junger Clericus gedichtet, der von der Misselsucht behaftet war und sich, vor aller Welt verborgen, in einer Einöde aufhielt. Du weißt gewiß, lieber Leser, was für ein schauderhaftes Gebreste im Mittelalter die Misselsucht war, und wie die armen Leute, die solchem unheilbaren Siechthum verfallen, aus jeder bürgerlichen Gesellschaft ausgestoßen waren und sich keinem menschlichen Wesen nahen durften. Lebendig Todte wandelten sie einher, vermummt vom Haupt bis zu den Füßen, die Kapuze über das Gesicht gezogen, und in der Hand eine Klapper tragend, die sogenannte Lazarusklapper, womit sie ihre Nähe ankündigten, damit ihnen jeder zeitig aus dem

Wege gehen konnte. Der arme Clericus, von dessen Ruhm als Liederdichter die obgenannte Limburger Chronik gesprochen, war nun ein solcher Misselsüchtiger, und er saß traurig in der Oede seines Elends, während jauchzend und jubelnd ganz Deutschland seine Lieder sang und pfiff! O, dieser Ruhm war die uns wohl bekannte Verhöhnung, der grausame Spaß Gottes, der auch hier derselbe ist, obgleich er diesmal im romantischern Costume des Mittelalters erscheint. Der blasirte König von Judäa sagte mit Recht: es giebt nichts Neues unter der Sonne – Vielleicht ist diese Sonne selbst ein alter aufgewärmter Spaß, der mit neuen Stralen geflickt, jetzt so imposant funkelt!

Manchmal in meinen trüben Nachtgesichten glaube ich den armen Clericus der Limburger Chronik, meinen Bruder in Apoll, vor mir zu sehen, und seine leidenden Augen lugen sonderbar stier hervor aus seiner Kapuze; aber im selben Augenblick huscht er von dannen, und verhallend, wie das Echo eines Traumes, hör ich die knarrenden Töne der Lazarus-Klapper.

ALPHABETISCHES VERZEICHNIS
DER GEDICHTANFÄNGE UND
ÜBERSCHRIFTEN

ZU DIESER AUSGABE

Die Textgestalt der hier abgedruckten Werke Heinrich Heines beruht auf der *Historisch-kritischen Gesamtausgabe der Werke*, der Düsseldorfer Ausgabe, in 16 Bänden, herausgegeben von Manfred Windfuhr, Hamburg: Hoffmann und Campe, 1973 bis 1997, welche die orthographischen Eigenheiten der Zeit bewahrt.

Die Gedichte wurden den Bänden 1/1 (1975), 2 (1983) und 3/1 (1991) entnommen. Sie folgen chronologisch nach ihrem Entstehen aufeinander. Es wurden gegebenenfalls die Fassungen der »Ausgabe letzter Hand« gewählt. Die hier in eckigen Klammern gesetzten Überschriften gehörten zu früheren Fassungen und wurden von Heine in seiner letzten Veröffentlichung meist zugunsten einer Nummerierung innerhalb der Zyklen weggelassen. Das alphabetische Verzeichnis der Gedichte auf Seite 171 gibt jeweils den Titel und in kursivem Satz die erste Verszeile an, außerdem in Klammern das bekannte und mit * versehen das wahrscheinliche Entstehungsjahr.

»Der Rabbi von Bacherach« findet sich in Band 5 der Düsseldorfer Ausgabe, 1994.

Die »Geständnisse« entstammen dem Band 15, 1982.